CATALOGUE

DES LIVRES

COMPOSANT LA BIBLIOTHÈQUE

DE M. PERRIN DE SANSON.

AVIS.

Il y aura chaque jour, de midi à trois heures, exposition des Livres qui devront être vendus le soir.

Les Livres vendus devront être collationnés sur place dans les 24 heures de l'adjudication. Passé ce délai, ou une fois sortis de la salle de vente, ils ne seront repris pour aucune cause.

Les articles au-dessous de 12 fr. ne seront admis à rapport que dans le cas où ils seraient incomplets par enlèvement de feuillets ou fragmens de feuillets atteignant le texte ; ils ne seront pas repris pour taches, mouillures, déchirures, piqures, ou autres défectuosités.

SOUS PRESSE :

Le Catalogue de la Bibliothèque de M. JULES KLAPROTH, orientaliste.

A. PIHAN DE LA FOREST,
IMPRIMEUR DE LA COUR DE CASSATION,
Rue des Noyers, n° 37.

CATALOGUE

DES

LIVRES IMPRIMÉS,

DES

MANUSCRITS DES XIIIe, XIVe ET XVe SIÈCLES, ET DES LETTRES AUTOGRAPHES,

COMPOSANT LA BIBLIOTHÈQUE

DE FEU M. PERRIN DE SANSON,

ET PROVENANT POUR LA PLUPART DES BIBLIOTHÈQUES

DU CHANCELIER D'AGUESSEAU, DE L'ABBÉ SÉPHER, DE L'ABBÉ RIVE, ETC.,

DONT LA VENTE AURA LIEU

Le Mardi 8 Novembre 1836, et Jours suivans, 6 heures du soir,

MAISON SILVESTRE, RUE DES BONS-ENFANS, N° 30,

Par le ministère de Me FOURNEL, commissaire-priseur,
place du Châtelet, n° 2.

*Les acquéreurs paieront en sus du prix d'adjudication, 5 centimes
par franc, applicables aux frais.*

A PARIS,

CHEZ MERLIN, LIBRAIRE,

QUAI DES AUGUSTINS, N° 7.

———

1836

Le Libraire chargé de la Vente remplira les commissions qui lui seront adressées.

On est prié d'indiquer exactement le maximum du prix qu'on veut mettre à chaque ouvrage.

Le droit de commission est de 10 pour 100.

———

Le même Libraire se charge de ventes, prisées, rédaction de catalogues, etc., aux conditions suivantes :

1° Catalogues rédigés par ordre méthodique,   10 pour 100 du produit brut de la vente ;

2° Catalogues par ordre alphabétique,   5 pour 100 ;

3° Ventes sans catalogue,   4 pour 100.

Tous les frais et déboursés sont comptés en dehors de ces prix.

M. Perrin de Sanson, d'une famille riche de Provence, originaire de Paris, était un de ces hommes modestes qui aiment les sciences pour elles-mêmes, et cultivent les lettres sans ostentation et sans éclat, se bornant à jouir en silence du bonheur qu'elles procurent. Après de bonnes études chez les Oratoriens de Marseille, il se fit recevoir, à Aix, avocat en parlement; mais bientôt le goût des sciences et de la littérature le conduisit à Paris, et il sut en peu de temps écrire purement et parler avec facilité les principales langues de l'Europe.

M. Perrin avait abandonné la carrière du barreau. Il se fixa définitivement à Paris, et l'amour des arts ne contribua pas moins à cette résolution que le goût des lettres. Sa famille s'honorait de compter parmi ses membres et dans ses alliances des artistes célèbres, les Blain de Fontenay, les Monnoyer, les Coypel, les Boullongne, et s'il ne fut pas artiste lui-même, au moins était-il, si l'on peut le dire, amateur *né* des arts, et plusieurs manuscrits de lui, qu'on trouvera dans son catalogue, prouveront qu'il était juge compétent et bon connaisseur.

Le goût des lettres et le goût des livres sont inséparables. M. Perrin ne tarda pas à se lier avec plusieurs bibliophiles célèbres, notamment avec le trop fameux abbé Rive, Provençal comme lui. Ce fut ce bibliographe savant qui le dirigea dans le choix de ses acquisitions, et la majeure partie de son cabinet provient des plus belles bibliothèques du temps, entre autres de celle du chancelier d'Aguesseau, de l'abbé Sépher, et de l'abbé Rive lui-même. Nous appellerons en passant l'attention sur quelques lettres de ce bibliographe démagogue à M. Perrin (n° 638), et ces spécimens curieux d'une folle vanité et d'une irascibilité ridicule feront admirer la patience de l'homme estimable à qui ces lettres étaient adressées, et qui, en butte à tout instant aux accès de la plus brutale et de la plus ingrate sauvagerie du frénétique abbé, ne s'est pas lassé de lui être utile jusqu'au dernier moment.

Sans la générosité de M. Perrin, cette bibliothèque devrait être bien plus riche que nous ne l'offrons aujourd'hui; mais il se faisait un plaisir de faire passer de ses rayons sur ceux de ses amis les livres qui leur manquaient ou qu'il savait exciter leurs désirs, et il n'y avait pas de fête ou de solennité de famille qui ne dégarnît ses tablettes de quelque livre curieux ou de quelque précieux manuscrit.

On doit regretter aussi quelques imprimés ou manuscrits d'un grand prix dont un déplorable abus de confiance a privé, il y a quelques années, l'héritier de M. Perrin; nous signalerons surtout un Missel romain de *Milan*, 1488, des Heures manuscrites de Charles VII, celles que les Jésuites avaient données à Henri IV pour la cérémonie de son abjuration, et deux autres Heures, manuscrites également, d'une grande beauté.

Tous les bibliophiles savent que les livres comme les hommes ont aussi leurs titres de noblesse, et les d'Hozier bibliographiques supputent les quartiers d'un volume par les célébrités de toute espèce auxquelles il a appartenu, depuis les maîtresses des rois jusqu'aux prélats ou aux modestes hommes de lettres. Armoiries, chiffres, devises, signatures et même traditions, tout est preuve dans cette justification, et l'on sait ce qu'elle ajoute à la valeur des livres et à quels prix élevés se portent les volumes décorés de la devise de Grolier, du chiffre de Henri II ou de Diane de Poitiers, des armes de de Thou, de Colbert, d'Hoym, de Soubise, ou de la signature de Racine, de Bossuet ou d'autres personnes célèbres ou fameuses.

Sous ce rapport, la bibliothèque de M. Perrin de Sanson sera une mine riche pour les amateurs : ils y trouveront bon nombre d'ouvrages qui ont appartenu au célèbre chancelier d'Aguesseau, et qui portent ses armes. Nous avons eu soin d'en faire mention à chaque ouvrage.

Ce n'est pas là du reste le seul mérite de la collection dont nous présentons le catalogue. Presque tous les ouvrages en sont curieux ou piquans; d'autres ont des titres plus importans encore à l'attention des bibliophiles. On remarquera particulièrement :

Les ouvrages de Toland, n°s 57 à 59. — Les statuts des chevaliers hospitaliers de Jérusalem, copie authentique, conférée et certifiée à Malte, n° 91. — L'ouvrage contre l'astrologie composé par le P. J. Porthaize, si connu par ses discours contre Henri IV : cet ouvrage est peut-être plus rare que les discours; les bibliographes n'en font pas mention, n° 160. — Hypnerotomachia di Polyphilo. *Alde*, 1545 *(bel exemplaire)*, n° 188. — Dimostrationi harmoniche di Zarlino, éd. de 1571 *(superbe exemplaire d'un livre rarement bien conservé)*, n° 192. — Les beaux exemplaires mar. rouge de la grammaire et du lexique hébraïques de Guarin, de la grammaire chinoise de Fourmont, ainsi que des *Meditationes sinicæ* du même auteur, n°s 203 à 207. — Les origines de Moysant de Brieux, volume rare, jolie reliûre de Deseuille, n° 221. — Gasparini epistolæ, n° 246; livre rarissime, bel exemplaire, dont on trouvera la description à la fin du catalogue. — Nucleus emblematum, jolies fig. de Crispin de Passe, n° 250. — Arcadia in Brenta, histoire d'Aurelio et Isabelle, belles reliûres de Padeloup, n°s 254 *bis*, 259. — La muse chrestienne, 1582, beau vol., *aux armes d'Henri III*, n° 285. — Aristophane, grec et latin, édition de Kuster, n° 309. — Fioretti di S. Francesco, 1581, reliûre de *Derome*, n° 563. — Les vies de S. Bernard, de S. Alexis, de S. Aulzias de Sabran, édit. goth. peu connues, n°s 564, 564 *bis*, 565. — La collection curieuse d'ouvrages, la plupart très rares sur les Rose-Croix, n° 570. — Cinq portefeuilles de figures, recueil précieux pour l'étude de l'antiquité, n° 592. — Les pierres gravées de Stosch, grand papier, mar. rouge, n° 123. — Le gemme antiche di Agostini, n° 124;

exempl. bien complet, ayant à la fin de la deuxième partie les quatre planches priapéiennes qui ne sont citées qu'à l'exempl. du duc de La Vallière ; exempl. qui fut vendu **171 fr.** — Discours de Le Pois sur les médailles ; bien conservé, vél., n° 450. — Histoire des empereurs…, avec les médailles d'argent qu'ils ont fait battre… ; volume *rarissime* de HAULTIN, exemplaire de la plus grande beauté, n° 452. — Recherches des monnoyes de France, de Bouteroüe, gr. pap., mar. bleu, n° 439. — Chroniques de Froissard, édit. de Vérard, 1518, n° 480. — Les recueils de pièces sur les règnes d'Henri III et d'Henri IV, n°ˢ 492, 494, 495. — Mémoires de la reine Marguerite ; charmante reliûre ancienne à petits fers, n° 496. — Chronicon urbis matiscenæ, 1559, *rarissime*, n° 512. — Les historiens d'Angleterre, n°ˢ 535 et 537. — Les plaidoyers originaux dans l'affaire du divorce d'Henri VIII. n° 539. — Vite de' pittori di Vacari. *Giunti*, 1568, mar. r., n° 573. — Bibliographie de Debure et catalogue Gaignat, in-4, pap. de Holl., mar. r., n° 584. — La collection des œuvres de l'abbé Rive, n° 610.

C'est surtout sur les manuscrits que nous appellerons l'attention des amateurs ; nous citerons les recueils précieux d'autographes des n°ˢ 634, 635, 636, 637 et 638 ; le livre des familles vénitiennes, n° 648 ; Raccolta delle famiglie venetiane, n° 649 ; Recueil de quelques chartes sur Rodolphe de Habsbourg, original, *aux armes d'Anne d'Autriche*, n° 650 ; l'histoire de Charles V, par Christine de Pisan, n° 651 ; les chroniques de Froissart, n° 652 ; les divers recueils de pièces des n°ˢ 654 à 662 ; les manuscrits de la main de M. Perrin de Sanson, n°ˢ 630, 631 et 668 ; le beau manuscrit de Paul Orose, n° 640 ; enfin le précieux manuscrit du 14ᵉ siècle, sur vélin, n° 669, dont nous engageons à lire la description détaillée.

On vendra dans le cours des séances beaucoup d'ouvrages qui n'ont pu être insérés au catalogue, entre autres, des pièces et brochures sur les états-généraux, la révolution et Bonaparte.

1   /   ..
2   /   „

3   1   ſo   Camus

4   1   „   Barrès

5   2   „

CATALOGUE

DES LIVRES

COMPOSANT LA BIBLIOTHÈQUE

DE M. PERRIN DE SANSON.

THÉOLOGIE.

I. INTRODUCTION. — ÉCRITURE SAINTE.

1. G. Bern. Bilfingeri dilucidationes philos. de deo, animâ humanâ, et generalibus rerum affectionibus, præfatus est A. Beckius. *Tubingæ*, 1768, in-4, v. j., fil., tr. dor.
2. Théologie de l'eau, ou essai sur la bonté, la sagesse et la puissance de Dieu, manifestées dans la création de l'eau, trad. de l'allem. d'Alb. Fabricius. *Paris*, 1745, in-8, v. j. *(D'Aguesseau.)* — Dissertations sur diverses matières de religion et de philosophie, recueillies par l'abbé de Tilladet. *Paris*, 1712, in-12, 2 vol., v. m.
3. Fasciculus rariorum ac curiosorum scriptorum theologicorum, in quo quæstiones de animæ post solutionem a corpore statu, loco, cultu, immortalitate, bis mortuis, resurrectione mortuorum, a theologis ac scriptoribus aliis celeberrimis ut ananymo quodam, Bebelio, Burnetto, Callixto, etc., etc., olim seorsim publice in diversis academiis ventilatæ. *Francof. ad Mœn.*, 1692, pet. in-8, 2 vol., v. br.
4. A Discourse concerning the being and attributes of God, and the truth and certainty of the christian revelation, by Samuel Clarke. *London*, 1728, in-8, v. j. *(D'Aguesseau.)*
5. J. Alb. Fabricii delectus argumentorum et syllabus scriptorum qui veritatem religionis chr. asseruerunt. *Hamburgi*, 1725, in-4, v. m.

6. Alciphron or the minute philosopher, in seven dialogues
(by Berkeley). *London*, 1751, in-8, 2 vol., v. fil. — A discourse concerning the connexion of the prophecies in the
old testament and the application of them to Christ, by Sam.
Clarke. *London*, 1725. == A letter to the Rev. Dr Rogers on
occasion of his eight sermons concerning the necessity of
divine revelation. *London*, 1727. == A discourse historical
and critical on the revelations ascrib'd to St. John. *London*,
1730. in-8, v. m.

7. Traité de la vérité de la religion chrétienne (par Abbadie).
Rotterdam, *Leers*, 1684, in-8, 2 vol., v. br.

8. Les mystères du christianisme approfondis radicalement
et reconnus physiquement vrais. *Londres*, 1771, gr. in-8,
2 vol., v. granit.

9. Les trois véritez, par P. le Charron. *Bourdeaus*, *Millanges*,
1595, in-8, v. j. — Response aux trois véritez de P. le
Charron. *La Rochelle*, *Haultin*, 1594, pet. in-8, v. j.

10. Dictionnaire historique, critique, chronologique, géographique et littéral de la Bible, par dom Calmet. 1722,
in-fol., fig., 4 vol., v. f.

11. Hierolexicon, sive sacrum dictionarium aut. Dominico
Macro melitensi et Carolo ejus fratre. *Romæ*, 1771, in-fol.,
fig., v. br.

12. Clavis hebraica veteris testamenti, autore Joa. Leusden.
Amst., 1685, pet. in-4, v. br. — Specimen ineditæ versio-
nis arabico-samaritanæ Pentateuchi, è codice manuscripto
bibliothecæ Barberinæ edidit et animadversiones adjecit
And. Chr. Hwiid. *Romæ*, 1780, gr. in-8, d.-rel.

13. Version du Nouveau Testament suivant la Vulgate, par le
père Amelotte. *Paris*, 1738, in-8, 2 vol., mar. v., fil., tr.
dor. *(D'Aguesseau.)*

14. La passion de N. S., gravée par J. D. G. Heyn, et coloriée.
Gr. in-8, mar. r., dent., tr. dor., doublé de tabis. (13 pièces.)

15. Contrà historiam Aristeæ de LXX interpretibus dissertatio,
per Humfr. Hody. *Oxonii*, 1685, in-8, rel. en cart.

6	2	"	Burrón
7 } 8 }	6	40	Martin (...)
9	2	"	Camus
10	30	50	Martin
11	2	"	Durand
12	2	40	Durand
13	3	"	Martin
14	14	"	Martin (Duffy)
15	... no	150	

16 }			
17)	5	"	Camus
18	1	fo	,,
19	2	"	Merlin (Castagné
20	2	cof	Lejean
21	2	"	Mercin
22	8	9f	Camus
23	1	fo	,,
24	31	fo	Crozet
25	3	"	Cauf ette

II. PHILOLOGIE SACRÉE. — LITURGIE. — CONCILES.
SAINTS-PÈRES.

16. Jac. Perizonii dissertatio de morte Judæ et verbo *apan-chesthai. Lugd-Bat.*, 1702, in-8, v. fil.

17. Tractatus reprobationis sententiæ Pilati. *Parisiis (de Marnef)*, 1493, pet. in-4 goth., mar. r., fil., tr. dor. *(Bel exemplaire.)*

18. Wilelmi Goesii Pilatus judex. *Hagæ-Comitis*, 1677, pet. in-4, v. br.

19. Antiquitatum circà funera et ritus veterum christian. libri VI, auctore J. E. F. R. L. *Lipsiæ*, 1713, in-8, v. f.

20. Lettre d'un Bénédictin (Mabillon) touchant le discernement des anciennes reliques. *Paris*, 1700, in-8, v. br. (Avec les figures qui ne se retrouvent pas dans les réimpressions.) — Dissertation sur la sainte Larme de Vendôme, par Thiers. *Amst.*, 1751, in-12, v. m. — Histoire véritable de la sainte Larme que N. S. pleura sur le Lazare... *Vendosme*, 1658.— Autre. *Vendosme*, 1658.—Sonnets extraicts du discours de la sainte Larme, par Ph. G. Ad. *Paris*, *s. d.* Les 5 br. in-12.

21. Recherches sur la nature du feu de l'enfer et du lieu où il est situé, par Swinden, trad. de l'angl. par Bion. *Amst.*, 1757, in-12, fig., v. m.

22. Codex liturgicus eccles. universæ in XV lib. distributus, edente Jos. Aloys. Assemano. *Romæ*, 1749, in-4, v. j. *(D'Aguesseau.)*

23. Leonis Allatii de libris ecclesiasticis Græcorum dissertationes duæ. *Hamburgi*, 1712, pet. in-4, d.-rel.—Collectarum ecclesiasticarum liber (lat. et gall. carmine redditarum), per Cl. Espencæum. *Parisiis*, 1566. ═ Filiabus Sion, Lutetiæ virginibus votivum carmen gallico-lat. (sur le vendredi-saint). Pet. in-8, v. gr., fil.

24. Observationes ecclesiasticæ Josephi Vicecomitis... in quibus de antiquis baptismi, confirmationis, missæ ritibus agitur. *Mediolani*, 1615 à 1626, in-4, 4 vol., mar. r., fil., tr. dor.

25. Les processions de l'église, leurs antiquitez, utilitez, et des manières d'y bien assister. *Paris*, 1705, in-12, v. m., fil., tr. dor. — Traité de l'intinction, par Grandcolas. *Paris*, 1694, in-12, v. br.

26. D. Jo. Frid. Mayeri tractatus de osculo pedum Pontificis romani. *Lipsiæ,* 1712, in-4, v. f., fil., tr. dor.

27. Dissertationes in concilia generalia et particularia, authore Lud. Thomassino. *Lutetiæ-Parisiorum*, 1668, in-4, 2 tom. 1 vol., v. br. *(Avec les cartons.)*

+ 28. Bibliotheca patrum apostolicorum græco-latina (S. Clementis Rom., S. Ignatii, S. Polycarpii), autore Th. Ittigio. *Lipsiæ*, 1699, pet. in-8, v. br.

29. Epistolarum divi Hieronymi codicilli tres..... *(Parisiis),* *Poncet-Lepreux* (1512), pet. in-8, 2 vol., mar. r., fil., tr. dor.

III. THÉOLOGIE DOGMATIQUE. — THÉOLOGIE ASCÉTIQUE ET MORALE.

30. Defensio tridentinæ fidei catholicæ, autore Diego Payva Dandrada. *Ingolstadii*, 1580, pet. in-8, v. m.

31. Traité de la doctrine chrétienne et orthodoxe, par Ellies du Pin. *Paris*, 1703, in-8, v. br.

32. De purgatorio igne adversus Barlaam Petri Arkudii, gr. et lat. *Romæ, typ. congr. de prop. fide*, 1637, pet. in-4, vél.

> Pantaléon Ligaridius de Chio, dans la dédicace de ce livre à Urbain VIII, parle d'Arkudius comme de son ami; mais Arkudius est un nom supposé, et c'est lui-même qui est l'auteur du texte et de la traduction. *(Voy. l'approb.)*

33. Catechesis ecclesiarum polonicarum in lucem missa à Joh. Crellio franco, ac nunc à Jona Schlichtingio Bucowiec recognita. *Irenopoli*, 1659, pet. in-8, mar. citr., tr. dor.

34. Le chevalier enchanté, qui, dans l'étendue de ses désirs, donne assaut à l'Amour mondain, et lui fait à la fin quitter la place à la gloire de Dieu... par N. Piloust. *Paris*, 1612, pet. in-12, v. gr., fil.

35. Le foudre foudroyant et ravageant contre les pechez mortels, par Pierre Juvernay. *Paris, Lemur*, 1635, pet. in-12, v. f.

36. L'invocation et l'imitation des saints, pour tous les jours de la semaine. *Paris*, 1687, in-16, 5 vol., v. br. *(Jolies figures; une à chaque saint.)*

37. Les canons des conciles de Tolède, de Meaux, de Mayence, d'Oxfort et de Constance; advis et censure de la faculté de

théologie et arrests du parlement de Paris, par lesquels la doctrine de déposer et tuer les rois et princes est condamnée. 1615, pet. in-8, v. m. *(Avec une note autographe de l'abbé Sépher.)*

38. Traité des jeux et des divertissemens qui peuvent être permis ou qui doivent être défendus aux chrétiens, par Thiers. *Paris*, 1686, in-12, v. br.

39. Proces des dances debattu entre Phil. Vincent, min. du saint Evangile à La Rochelle, et aucuns des PP. jesuites de la même ville. *La Rochelle*, 1646, pet. in-8, d.-rel.

40. Malleus maleficarum maleficas et earum hæresim conterens (aut. H. institore). *Lugd.*, *J. Marion*, 1519, goth. = Tractatus de superstitionibus per Martinum de Arles. *Parisiis*, 1517, goth., pet. in-8, parch.

41. Heriberti Ros-Weydi de fide hæreticis servanda ex decreto concilii Constantiensis dissertatio. *Antuerpiæ*, 1610, pet. in-8, mar. v., fil., tr. dor. *(Derome.)*

42. Hipparque, du religieux marchand, par René de la Vallée, trad. en françois. 1645, in-12, parch.

IV. THÉOLOGIE POLÉMIQUE. — THÉOLOGIE HÉTÉRODOXE.

43. Confessionistarum goliathismus profligatus sive Lutheranorum provocatio repulsa , autore Joan. Sinnichio. *Lovanii*, 1657, pet. in-4, v. f.

44. Sentimens d'Érasme conformes à ceux de l'église catholique sur tous les points controversés (par Richard). *Cologne*, 1688, pet. in-8, v. f.

45. Dissertatio historico philosophica de atheismo sive historia atheismi, authore J. Thomasio Philipps. *Londini*, 1716, in-8, v. f. *(Avec notes de l'abbé Sépher.)*— De naturalismo tum aliorum, tum maximè Jo. Bodini. *Ienæ*, 1700, pet. in-4, v. m., fil.

46. Latitudinarius orthodoxus , in genere de fide in religione nat., mosaica, et christiana, in particulari de christ. relig. mysteriis ; accesserunt vindiciæ libertatis christianæ eccl. anglicanæ et Arthuri Bury S. T. P. contrà P. Jurieu. *Londini* , 1697, in-12, v. f., fil.

47. Lettres sur la religion essentielle à l'homme (par Mlle Hubert). *Londres*, 1739. pet. in-8, 4 part. en 2 vol., v. br.

(D'Aguesseau.) — Défense du christianisme ou préservatif contre les lettres sur la religion essentielle à l'homme, par F. de Roches. *Lausanne*, 1740, in-12, 2 vol., v. br. *(D'A-guesseau.)* — Examen des lettres sur la religion essentielle, trad. du lat. de G. G. Brettinguer, avec des notes, par J. Alph. Rosset. *Zurich*, 1741, in-8, v. j.

48. De religione politica liber unus, autore Daniele Clasen. *Magdeburgi, Mullerus*, 1655, pet. in-12, v. br.

> Livre très curieux, bien fait, utile et rare. *(Rive.)*

49. De origine mali, autore Gul. King. *Dublinii*, 1712, in-8, v. br. — Le monde, son origine et son antiquité. *Londres*, 1751, pet. in-8, 2 vol., v. m.

50. Introduction au traité de la conformité des merveilles anciennes avec les modernes, ou traité préparatif à l'apologie pour Hérodote (par H. Estienne). 1579, pet. in-8, v. br.

51. La physique de l'Écriture sainte, par P. L. G. D. G. *Amst.*, 1766, in-12, v. j.

52. Traité de l'état des morts et des ressuscitans, par Thomas Burnet, trad. du latin par Jean Bion. *Rotterdam, Hofhout*, 1751, in-12, v. gr., fil. — Le système des théologiens anciens et modernes concilié par l'exposition des différens sentimens sur l'état des ames séparées des corps. *Londres*, 1759, pet. in-8, v. j. *(D'Aguesseau.)*

53. De fide et officiis christianorum liber, autore Th. Burnetio. *Londini*, 1727, in-8, v. br.

54. The divine legation of Moses demonstrated on the principles of a religious deist, by Will. Warburton. *London*, 1758, in-8, 6 tom. en 3 vol., v. fil. — An examination of Warburton's proposition in his projected demonstration of divine legation of Moses. *London*, 1744, in-8, v. j. *(D'A-guesseau.)*

55. Woolston's the Moderator between an infidel and an apostate. *London*, 1725. = Two supplements to the Moderator. 1725. = A fourth discourse on the miracles of our Saviour. 1728, in-8, v. m.

56. The literal accomplishment of scripture prophecies, by W. Whiston. *London*, 1724, in-8, v. m.

57. Letters to Serena, containing : I. the origin of prejudices, II. the history of the soul's immortality, III. the origin of idolatry, IV. a letter showing Spinosa's system, etc...... by Toland. *London*, 1704, in-8, v. br.

> Un des plus rares des ouvrages de Toland.

48	1	50	Demoulin
49 } 50 }	2	40	abit
51 } 52 }	3	50	Camus
53 } 54 }	10	«	Poigne
55	1	50	sd
56 } 57 }	1	50	Barros a

58	2	„	Larrois a
59 } 60 }	1	„	Defloremu)
60 bis } 61 }	1	10	Jouy
62	2	„	Camus
63	1	50	Mestin (Lafargin)
64 } 65 } 66 }	1	50	Damoulin
67	1	„	Dumoulin

58. Nazarenus, or jewish, gentile and mahometan christianity by Toland. *London*, 1718, in-8, v. br.

> Rare; très complet. L'appendice qui est à la fin n'a pas été traduit en français.

59. Pantheisticon sive formula celebrandæ sodalitatis Socraticæ (autore Toland). *Cosmopoli (Londini)*, 1720, in-8, v. f., fil. *(Bel exemplaire.)*

60. Lucii Antistii Constantis (B. Spinosæ) de jure ecclesiasticorum liber singularis. *Alethopoli*, 1665, in-12, v. m., fil.

60 *bis*. The alliance between church and state, or the necessity of an established religion and a test-law demonstrated from the essence and end of civil society, by W. Warburton. *London*, 1741, in-8, v. j. *(D'Aguesseau.)*

61. Polygamia triumphatrix, auctore Theophilo Aletheo (Jo. Lysero), cum notis Ath. Vincentii. *Londini - Scanorum*, 1682, in-4, v. f.

V. THÉOLOGIE JUDAIQUE. — THÉOLOGIE MAHOMÉTANE. — POLYTHÉISME.

62. Johan. Meyeri tractatus de temporibus et festis diebus Hebræorum. *Amstel.*, 1724, in-4, v. j.

63. Traité historique de l'ancienne Pâque des Juifs, par le P. B. Lamy. *Paris*, 1693, in-12, v. br. l. a s.

64. Mare Rabbinicum infidum, authore Claudio Capellano. *Parisiis*, 1667, in-12, d.-rel.

65. Riedaja Happenini, judæi hispani, meditatio cujus singulæ voces à *mem* incipiunt, primitus vocalibus adornata, latinè explicata et notis illustrata opere ac studio Hilarii Prachii. *Lipsiæ*, 1662, pet. in-4, parch.

66. Ex Rabbi Mosis Majemonide opere quod *secunda lex*, sive *manus fortis* inscribitur tractatus de consecratione calendarum et de ratione intercalandi; ex hebræo latinè redditus à Ludovico de Compiègne. *Parisiis*, *Promé*, 1669, in-12, v. br.

67. Ex eodem opere tractatus tres. : de Jejunio, de Solemnitate expiationum, de Solemnitate paschatis, ex hebræo latinè conversi, ab eodem L. de Compiègne. *Parisiis*, 1667, in-12, v. br.

68. Relandi de religione mohammedicâ lib. duo. *Ultrajecti*, 1705, in-12, v. j.

69. De religione Gentilium errorumque apud eos causis, autore Edoardo Barone Herbert de Cherbury. *Amst.*, 1663, in-4, v. br. *(Avec longue note autogr. de l'abbé Sepher.)*

70. Deorum sacrificiorumque gentilium descriptio, autore D. Joan. Bestels Grudio. *Coloniæ*, 1606, pet. in-4, parch.

71. Palladius de gentibus Indiæ et Bragmanibus; S. Ambrosius de moribus Bragmanorum..., gr. et lat., edente Ed. Bissæo. *Londini*, 1668, pet. in-fol., parch. vert. *(D'Aguesseau.)*

72. Du culte des dieux fétiches (par de Brosses). 1760, in-12, v. gr., fil.

JURISPRUDENCE.

73. Essai sur l'histoire du droit naturel. *Londres*, 1757, in-12, v. m. — Devoirs de l'homme et du citoyen, trad. du lat. de Pufendorf par Barbeyrac. *Londres*, 1741, in-12, 2 vol., v. m. — Plan de législation sur les matières criminelles, par M. Le F. 1779, gr. in-8, v. gr., fil.

74. De l'esprit des lois (par Montesquieu). *Genève, Barillot*, s. d., in-4, 2 vol., v. m.

74 *bis.* Biinomikon, sive de jurisperitis lib. duo, autore Joan. Bertrando. *Tolosæ*, 1617, in-4, parch.

75. Droit public de France, par l'abbé Fleury, avec notes par Darragon. *Paris*, 1788, in-12, 3 vol., d.-rel. — Jo. Frid. Rhetii institutiones juris publici germanici-romani. *Berolini*, 1698, pet. in-8, v. j. *(D'Aguesseau.)* — The constitution of England, or an account of the english government, by Delolme. *London*, 1777, in-8, v. f.

76. Asylia, hoc est de jure asylorum, auctore G. Rittershusio. *Argentorati, Zeznerus*, 1624, in-12, v. br. — Alb. J. B. Pacichellii de jure hospitalitatis universo, commentarius. *Coloniæ-Ubiorum*, 1675, in-12, v. br.

77. Gamalogia synoptica, istud est tractatus de jure connubiorum, curâ Mich. Havemanni. *Francof.*, 1672, in-4, v. f.

78. Traité de la dissolution du mariage par l'impuissance et froideur de l'homme ou de la femme (par Hotman). *Paris, Patisson*, 1595, pet. in-8, v. j.

68 69			Tabarié
70			
71	4		Camy
72	2		D
73	1	80	tabarié
74	1	60	D
74 bis	3		Guilbert
75	1	40	Tabarié
76	1		D
77	1		D
78	2	75	Barrois a.

79	3	15	Barrois
80	15	"	Merlin (Lagarrière)
81	avec 83		
82	20	"	Merlin (Sacy)
83 avril	1	"	tatoise
84	3	"	Guilbert
84 bis	3	95	
85	7	50	Delphin
86	1	"	Guilbert
87	1	"	Dumoulin

79. Discours sur l'impuissance de l'homme et de la femme, par Vincent Tagereau. *Paris*, 1612, pet. in-8, v. j.

80. Capitulaire auquel est traicté qu'un homme nay sans testicules apparans est capable des œuvres du mariage, par Séb. Roulliard. *Paris*, 1600, pet. in-8, mar. r., fil., tr. dor. *(Bel exempl.)*

81. Si la torture est un moyen sûr à vérifier les crimes secrets, par Aug. Nicolas. *Amsterdam, Abraham Wolfgang*, 1682, pet. in-8, v. br. *(Avec note autogr. de l'abbé Sepher.)*

82. Traité de l'autorité du magistrat en la punition des hérétiques et du moyen d'y procéder, fait en latin par Théodore de Besze, trad. du lat. en franç, par Nicolas Colladon. *Genève, Badius*, 1560, pet. in-8, mar. r., fil., tr. dor. *(Derome.)*

83. Arrest mémorable du parlement de Tolose, contenant une histoire prodigieuse de nostre temps, par M. J. de Coras. 1565, in-12, v. porph., fil.

84. Édit du roi pour le règlement des imprimeurs et libraires de Paris, du 21 août 1686. *Paris*, 1688. == Autre, pour le règlement des relieurs et doreurs de livres, du 7 septembre 1686. 1748, in-24, v.

84 *bis*. Catholicon rei monetariæ sive leges monarchicæ generales de rebus nummariis et pecuniariis, edente Melch. Goldasto. *Francof. ad Mœnum*, 1620, pet. in-4, parch. — Tractatus de augmento ac variatione monetarum, autore Gasp. Ant. Thesauro. *Taurini*, 1707, pet. in-4, parch. — Jacobi Bornitii, de nummis in republica percutiendis et conservandis libri duo. *Hanoviæ*, 1608. == Ejusd. ærarium. *Francofurti*, 1612. in-4, v. j., fil., tr. dor. — Joh. Wolfg. Aur. de jure monetarum. *Basileæ, Genathius* (1617), in-4, parch.

85. Commentaires sur les loix angloises de M. Blakstone, trad. de l'anglois par M. de G***. *Bruxelles*, 1764, 6 vol., in-8, bas., fil.

86. Traité du pouvoir du magistrat politique sur les choses sacrées, trad. du lat. de Grotius. *Londres*, 1751, in-12, v. j. *(D'Aguesseau.)* — Traité des appellations comme d'abus, par Edm. Richer. 1765, in-12, 2 tom. en 1 vol., v. m. *(D'Aguesseau.)*

87. De sacrarum electionum jure et necessitate ad ecclesiæ gallicæ redintegrationem, auctore G. Genebrardo. *Parisiis*, 1593, pet. in-12, parch.

2

88. Paraphrase du droit des dixmes ecclésiast. et inféodées, par F. Grimaudet. *Paris, Borel*, 1574, in-12, v. m., fil. — J. Ph. Slevogtii dissertationes de divisione ecclesiarum et beneficiorum. *Ienæ, Bielkius*, 1771, pet. in-4, v. gr., fil.

89. *Decimastes,* sive de librorum circà res theologicas approbatione (auct. Jac. Boileau). *Antuerp.*, 1708, pet. in-12, v. br.

90. Walonis Messalini de episcopis et presbyteris. *Lugd.-Batav.*, 1641, in-12, parch.—Qu'est-ce que le pape? trad. de l'allemand par Deschamps de Jaucourt. *Vienne*, 1782, in-12, v. gr., fil.

91. Statuta ordinis Domus Hospitalis Hierusalem. *Romæ, Bladus*, 1556, in-fol., vél. v.

> Exemplaire conféré sur celui de la chancellerie, à Malte, et dont les différences sont écrites au verso du dernier feuillet, et certifées par Francesco Mego, vice-chancelier de l'ordre.

SCIENCES ET ARTS.

I. INTRODUCTION. — SCIENCES PHILOSOPHIQUES, MORALES ET POLITIQUES.

92. La science des personnes de cour, d'épée et de robe, par Chevigny et de Limiers, augm. par Massuet. *Amst.*, 1752, in-12, fig., 18 vol., v. m.

93. Examen de ingenios para las sciencias, compuesto por el doctor Juan Huarte. *Leyde, Maire*, 1652, pet. in-12, v. br. — Paradoxe sur l'incertitude, vanité et abus des sciences, trad. en franç. du latin d'Agrippa. 1603, pet. in-12, v. br.

94. Marcus Antoninus de se ipso et ad se ipsum, gr. et lat., cum notis Casauboni. *Londini*, 1643, pet. in-12, parch.

95. Sexti Empyrici phyrrhoniæ hypotyposes, interprete H. Stephano. *Excudebat id. H. Stephanus*, 1562, pet. in-8, mar. cit., dent., tr. dor.

96. L. Annæi Senecæ opera. *Parisiis, Vitré*, 1637, pet. in-12, 9 vol., v. br.

97. An. Sec. Boetii consolationis philosophiæ, lib. quinque; ejusdem opuscula sacra auctiora, Renatus Vallinus recensuit et notis illustravit. *Lugd.-Bat.*, 1656, pet. in-8, v. br.

98. Exercitationes paradoxicæ adversus Aristoteleos, auctore Petro Gassendo. *Hagæ-Comit.*, 1656, pet. in-4, v. j. —

88 89 }	1	"	Tabarie
90	1	"	Craufette
91	4	95	Merlin (libri)
92	3	"	Merlin
93	1	75	Lefeun
94	1	"	V
95	1	"	Locunte
96	1	40	V.
97 98 }	2	10	Lefros

99	5	"	1 oryuu
100	4	of	laufitte
101	2	"	keeunt
102	1	"	Goggu
103	5	9	élgros
104	4	6	; J
105	3	7	Labor
106	5	"	; J
107	1	50	Tobors
108	2	"	; J
109	1	"	

Philosophiæ moralis institutio compendiaria, autore F. Hutcheson. *Glasguæ, Foulis*, 1742, in-12, v. j. *(D'Aguesseau.)*

99. The true intellectual system of the universe, by Cudworth. *London*, 1678, in-fol., v. br.

100. Essai philosophique concernant l'entendement humain, etc., par Locke, trad. par Coste. *Amsterd.*, 1755, in-4, v. m.

101. De l'homme ou Principes et loix de l'influence de l'ame sur le corps et du corps sur l'ame, par J. P. Maret. *Amsterd.*, 1775, in-12, 5 vol., v. j. — Characteristiks of men, manners, opinions, times, by Antony Earl of Shaftesbury. 1737 et 1738, in-8, 3 vol., v. fil.

102. Dialogues entre Hylas et Philonous, par Georges Berkeley, trad. de l'anglois. *Amsterd.*, 1750, in-12, v. m. — Amusement philosophique sur le langage des bêtes, par le P. Bougeant *Paris*, 1739, in-12, bas.—Traité du beau, par G. P. de Crousaz. *Amst., l'Honoré*, 1715, in-12, v. f., fil.

103. Essais de Michel de Montaigne. *Paris, Journel*, 1669, pet. in-12, 3 vol., v. br.

104. De la sagesse, par Charron. *Amsterd., Elzévir*, 1662, pet. in-12, v. j.

105. Œuvres de Maupertuis. *Lyon*, 1756, in-8, 4 vol., v. m.

106. Réflexions, sentences ou maximes royales et politiques, traduites de l'espagnol par d'Obeilh. *Amsterd., D. Elzevier*, 1671, pet. in-12, v. br. — Corona virtutum principe dignarum, cui adjuncta sunt de vita et virtutibus duorum Antoninorum Pii et Marci maximè memorabilia. *Lugduni-Batav., ex offic. Elzev.*, 1654, in-48, v. f., fil.

107. Quæstionis de reductione monetarum, an illa sit idoneus monetæ depravatæ restituendæ modus, brevis résolutio, autore Benj. Loubero. *Noribergæ*, 1629, in-4, parch.

 On trouve dans le même volume : Enchiridion artis numerandi (Johannis Husvuirt sauensis). *Lutetiæ, Bignon, impensis Reginaldi Chauldiere*, 1535. — Augustini Riccii de motu octavæ sphæræ opus. *Lutetiæ, Simon Colinæus*, 1521.

108. Il ceremoniale historico e politico di Greg. Leti. *Amst.*, 1685, in-12, 6 vol., v. f.

109. Institution des sourds et muets ou Recueil des exercices soutenus par les sourds et muets de 1771-1774. *Paris*, 1774, in-12, v. gr., fil. *(Avec notes autogr. de l'abbé Sepher.)*

II. SCIENCES NATURELLES.

110. Il Newtonianismo, per le donne, ovvero dialoghi sopra
la luce e i colori. *Napoli*, 1757, in-4, v. br. *(D'Aguesseau.)* — Optique de Newton, traduction nouvelle publiée
par Beauzée. *Paris*, 1787, in-8, pap. vél., fig., 2 vol., v. j.

111. Nouvelles pensées sur les causes de la lumière, du débor-
dement du Nil et de l'amour d'inclination par le S. Dela-
chambre. *Paris*, 1654, pet. in-4, v. br. — Examen phy-
sico-chimique des principes de l'air et du feu, ou Lettres à
Mme la marquise de P. M. sur la chaleur du globe, par M. le
Semelier. *Paris*, 1788, in-8, 2 vol., v. m.

112. Guil. Gilberti de magnete, magneticisque corporibus et
magno magnete tellure physiologia nova. *Londini*, 1600,
in-4, fig., v. j. *(D'Aguesseau.)*

113. Le Tremble-Terre, où sont contenus les causes, signes,
effets et remèdes, par L. du Thouin. *Bourdeaus*, 1616, pet.
in-8, v. j., fil.

114. Pyronarcha, sive de fulminum natura deque febrium
origine, aut. Fortunio Liceto. *Patavii*, 1634, pet. in-4, v. f.

115. De l'origine des fontaines. *Paris*, *Le Petit*, 1674, in-12,
v. br.

> Ce livre n'est pas de Félibien, mais d'un des frères de Perrault,
> l'architecte. *(Rive.)*

116. De curiositatibus physicis tractatus Josephi de Tertiis.
Mediobargi, 1686.═Adr. Relandi de nummis veterum Hebræorum qui ab inscriptarum litterarum forma samaritani
appellantur, dissertationes V. *Trajecti ad Rhenum*, 1709,
pet. in-8, fig., v. br.

117. Astronomie nautique, par de Maupertuis. *Paris*, *I. R.*,
1743, in-8, v. f., tr. dor. — Discours sur les différentes
figures des astres, par de Maupertuis. *Paris*, 1742, in-8,
mar. v., fil., tr. dor. *(D'Aguesseau.)*

118. Traicté des comètes ou étoiles chevelues apparoissantes
extraordinairement au ciel, par Bl. de Vigenère. *Paris*,
1578, pet. in-8, v. j. — Discours sur les comètes suivant
les principes de M. Descartes, par Jean Denis. *Paris*, *Promé*,
1665, pet. in-12, mar. r., fil., tr. dor.—Le point du jour,
ou Traité du commencement des jours et de l'endroit où il

110	6	"	Martin
111	1	30	Teborie
~~48~~			
112	6	"	D
113	1	"	
114 115	1	"	Tabari
116	1	60	D
117	3	80	
118	1	55	Lefebvre

119	7	..	Multan
120	1	0)	Tabari
121	2	80	Julien
122	2	·30	
123	4	45	Tabari
124	3	85	Lefer
125	3	60	:0
126	18	50	·Tabari
127	1	0)	:0
128	1	·0)	ٮٮ
129	2	20	gr and my
130	1	60	ٮٮ

est établi sur la terre, par Bergier. *Reims*, 1629, in-16, v. f.

119. L'art de convertir le fer forgé en acier et l'art d'adoucir le fer fondu, par de Réaumur. *Paris*, 1722, in-4, fig., mar. r., fil., tr. dor. *(Grand papier.)*

120. Essay sur la qualité des monnoies étrangères et sur leurs différens rapports avec les monnoies de France, par M. Macé de Richebourg. *Paris*, 1764, in-fol., cart.

121. Traité des embaumemens selon les anciens et les modernes, par Pénicher. *Paris, Girin*, 1699, in-12, v. gr., fil.

122. Histoire de la philosophie hermétique, accompagnée d'un catalogue raisonné des écrivains de cette science avec le véritable philalèthe revu sur les originaux. *Paris, Coustelier*, 1742, in-12, 3 vol., v. m.

123. Hortulus hermeticus flosculis philosophorum cupro incisis conformatus et brevissimis versiculis explicatus, auth. Dan. Stolcio. *Francof.*, 1627, pet. in-12, vél., jolies fig.

> Nomenclature des alchimistes; Moyse, sa sœur, saint Thomas d'Aquin, sont du nombre. Fort rare. *(Note autographe de l'abbé Sepher.)*

124. Compendium maleficarum, per Franc. Mar. Guaccium. *Mediolani*, 1626, pet. in-4, fig. en bois, v. gr., fil.

125. La physique occulte, ou Traité de la baguette divinatoire, par Vallemont. *La Haye*, 1772, in-12, fig., 2 vol., v. porph., fil.—Roger Bachon, de l'admirable pouvoir et puissance de l'art et de nature où est traité de la pierre philosophale, trad. en franç. par Jaq. Gérard de Tournus. *Lyon, Macé Bonhomme*, 1557, in-16, v. j., fil.

126. C. Plinii Sec. historiæ naturalis, lib. XVII, cum notis Harduini. *Parisiis, Coustelier*, 1723, in-fol., 3 vol, v. br. *(D'Aguesseau.)*

127. C. Plinii Sec. historiæ naturalis ad Titum imp. præfatio, ex mss. et veteri editione recensuit et notis illustravit David Durandus. *Londini, Innys*, 1728, in-12, v. j. — Trois lettres d'un professeur de l'université de Paris (Crévier), sur le Pline du P. Hardouin. *Paris*, 1725, 26 et 27, pet. in-12, v. j.

128. Bibliotheca regni animalis atque lapidei, conscripta à Laur. Theod. Gronovio. *Lugd.-Bat.*, 1760, in-4, d.-rel.

129. Histoire naturelle de la France méridionale, par Giraud Soulavie. *Nismes*, 1770, in-8, fig., 2 vol., v. m., fil.

130. Recueil de divers traités sur l'histoire naturelle de la terre et des fossiles, par Bertrand. *Avignon*, 1761, in-4,

v. m. — Traité des tourbes combustibles, par Ch. Patin, *Paris*, 1663, pet. in-4, v. m. all., fil.

131. Histoire admirable des plantes et herbes esmerveillables et miraculeuses en nature, par Cl. Duret. *Paris*, 1605, pet. in-8, fig. en bois, d.-rel. — Curiosités de la nature et de l'art sur la végétation, par l'abbé de Vallemont. *Bruxelles*, 1723, in-12, fig., 2 vol., v. m.

132. De varia quercûs historia; accessit Pilati montis descriptio, authore Jo. Duchoul. *Lugduni, Rovillius*, 1555, pet. in-8, fig., mar. r., fil., tr. dor. *(Derome.)*

133. Melch. Guilandini papyrus, hoc est commentarius in tria C. Plinii Maj. de papyro capita... *Venetiis, Ulmus*, 1572, pet. in-4, v. f., fil. — Chr. Fr. Paullini moschocaryographia, seu nucis moschatæ curiosa descriptio. *Francof.*, 1704, pet. in-8, rel. en carton.

134. Histoire naturelle du cacao et du sucre. *Paris*, 1719, in-12, fig., v. br. — Observations sur la culture des arbres fruitiers. *Paris*, 1718, in-12, mar. r., dent., tr. dor.

135. Icones animalium quadrupedum viviparorum et oviparorum quæ in historiæ animalium C. Gesneri libro I et II describuntur. *Tiguri, Froschoverus*, 1560, in-fol., fig., n. rel.

× 135 *bis*. Christ. Franc. Paullini lagographia curiosa, seu leporis descriptio. *Augustæ-Vindel.*, 1691, in-12, v. gr., fil. — Ejusdem lycographia seu de natura et usu lupi. *Francofurti ad Mœnum, Zunnerus*, 1694, pet. in-8, v. m.

136. Historia moschi ad normam academiæ nat. cur. conscripta, à Luca Schrœckio. *Augustæ-Vindel.*, 1782, pet. in-4, fig., v. br. — Ambræ historiam exhibet Just. Fidus Klobius. *Wittenbergæ*, 1666, pet. in-4, fig., v. m., fil. — G. Hier. Velschii dissertationes II, med. philos. de ægagropilis. *Augustæ-Vindelic.*, 1668, pet. in-4, fig., v. br.

137. Gammarologia, sive gammarorum, vulgò cancrorum consideratio phys., philos., chimica, à Phil. Jac. Sachs. *Francof.*, 1665, pet. in-8, fig., 2 vol., v. br.

138. Gammarologia, sive gammarorum vulgò cancrorum consideratio, à Ph. Jac. Sachs. *Francof.*, 1665, pet. in-8, fig., 2 tom. en 1 vol., vél. — J. D. Majoris de cancris et serpentibus petrefactis, Sachs de miranda lapidum natura. *Jenæ*, 1664, pet. in-12, v. f., fil. *(Derome.)*

139 Nouvelles expériences sur la vipère, par Charras. *Paris*, 1672, in-8, fig., v. br.

131	2	do	Lefevre
132	7	do	Crozet
133 134	2	do	Julin
135	1	do	Lefevre
136 bis	4	—	Martin (Marié)
136	1	do	Tabard
137	1	do	Tabard
138	2	do	Tabard
139	1	do	do

N°			
140 / 141	1	30	Durand
142	1	ff	Joseph
143 / 144	1 .	ff	Lefum
145	1	„	id
146	1	of	jou
147	2	2/	Durand
148 / 149	1 .	20	id
150	1	„	id
151	1	30	j

III. SCIENCES MÉDICALES.

140. Epistolarum medicinalium Conr. Gesneri libri III. *Tiguri*,
1577, pet. in-4, v. j. (Exemp. portant originairement en
trois endroits du titre la signature de P. Desportes que l'on
a surchargée d'un autre nom.)

141. Hier. Mercurialis variarum lectionum libri. *Basileæ*,
1576, pet. in-8, v. f., fil. (*Derome.*)

142. Eunuchi nati, facti, mystici, ex sacra et humana litte-
ratura illustrati; Zaccharius Pasqualigus puerorum emas-
culator ob musicam quo loco habendus (aut. Theoph. Ray-
naud). *Divione*, 1655, in-4, mar. r., fil., tr. dor.

143. Le médecin de soy-même, ou l'art de se conserver en
santé par l'instinct (par Devaux), *Leyde, Jordan*, 1687, pet.
in-12, v. j. (*Avec des notes manuscrites de Jamet.*)

144. Traité des eunuques, par D*** (Ancillon). 1707, pet.
in-12, v. br.

145. Aglosostomographie ou Description d'une bouche sans
langue, par Jac. Roland. *Saumur*, 1630, in-12, v. j.

146. Traité de la peste, par Manget. *Genève*, 1721, 2 part.
= Relation de la peste de Marseille, par Chicoyneau, Verny
et Soullier. 1721, in-12, v. gr., fil. (*Avec une fig. singu-
lière du costume des médecins.*)

147. De noxiis paludum effluviis eorumque remediis, libri II,
aut. J. M. Lancisio. *Romæ*, 1717, in-4, v. j. (*D'Aguesseau.*)
— Ejusdem dissertatio de bovilla peste ex Campaniæ fini-
bus anno 1713 latio importata... *Romæ*, 1715, in-4, v. j.
(*D'Aguesseau.*) — Ejusdem dissertatio de nativis et adven-
titiis romani cœli qualitatibus; accedit historia epidemiæ
rheumaticæ anni 1709. *Romæ*, 1711, in-4, v. j. (*D'Aguesseau.*)

148. Onania (by d' Bekkers), with the supplement. *London*,
1737, in-8, v. j.

149. Thomæ Bartholini de nivis usu medico observationes
variæ. *Hafniæ, Godiechius*, 1661, in-12, v. gr., fil.

150. Dictionnaire des alimens, par M. C. D. *Paris*, 1750,
in-12, 3 vol., v. j. (*D'Aguesseau.*)

151. De naturali vinorum historia, de vinis italiæ et de con-
viviis antiquorum libri VII And. Baccii. *Romæ*, 1596,
in-fol., parch.

152. Canonherius de admirandis vini virtutibus. *Antuerpiæ*, *Verdussius*, 1627, pet. in-8, v. m. — Mart. Schoockii lib. de cervisia. *Groningæ*, 1661, pet. in-12, v. m.

153. Secreti di Alessio Piemontese. *Venetia*, 1666, pet. in-8, mar., v. fil., tr. dor.

IV. SCIENCES MATHÉMATIQUES. — SCIENCES CONJECTURALES.

154. Amusemens mathématiques. *Lille, Panckoucke, s. d.*, in-12, v. m.

155. Euclides græcè et in eum Procli Diadochi commentaria græca, cum præf. Sim. Grynæi. *Basileæ, Hervagius,* 1533, in-fol., v. j.

156. De la mâture des vaisseaux. *Paris*, 1728. = Meditationes de implantatione malorum. *Ibid.*, 1728. = De la mâture des vaisseaux, par Bouguer. *Ibid.*, 1727, in-4, fig., v. m. *(D'Aguesseau.)* — De la méthode d'observer exactement sur mer la hauteur des astres (prix de l'académie des sciences), par Bouguer. *Paris*, 1729, in-4, fig., v. j., tr. dor.— De la méthode d'observer en mer la déclinaison de la boussole (prix de l'académie des sciences), par le même. *Paris*, 1731, in-4, fig., v. f., tr. dor. — Nouveau traité de navigation, par le même. *Paris*, 1753, in-4, fig., v. m. *(D'Aguesseau.)* — Traité du navire, de sa construction, etc..., par le même. *Paris*, 1746, in-4, fig., v. m., fil., tr. dor.

+ 157. Della fabrica e uso di un novo stromento fatto in quatro maniere per fare gli horologi solari, di M. G. Paolo Galucci. *Venetia*, 1590. = Les usages du quadrant à l'esguille aymantée, par J. Tarde. *Paris*, 1621, in-4, parch. L,b.3

158. L'art de naviger dans les airs, par le P. Jos. Galien. *Avignon, Fez*, 1757, pet. in-12, bas.

> Petit volume curieux, dans lequel on trouve une théorie des ballons qui n'a pas dû être inutile aux inventeurs de la navigation aérostatique.

159. L'œuvre des œuvres, ou le plus parfait des sciences steganographiques, paulines, armadelles et lullistes, etc., par Jean Belot. *Paris, Bourdon*, 1622, in-12, v. gr., fil. — Centuries prophétiques révélées par sacrée théurgie et secrette astrologie à J. Belot, auxquelles est prédict les événemens

152	2	„	Leber
153	2	„	[illegible]
154	annuler	312	
155	2	80	[illegible]
156	6	„	abris
157	2	„	[illegible]
158	2	„	Leber
159	1	50	[illegible]

160	1	„	Leber
161	1	50	Lefevre
162	3	„	[illegible]
163	3	„	id
164	1	„	V
165	10	„	Laber
166	4	30	id
167	- 24	50	Crapelet
168	9	„	Laber
169	2	„	defloremie
170	5	„	id
171	1	50	V

qui adviendront en l'Europe aux années suivantes jusques
en l'an 1626. *Paris*, 1621, pet. in-8, br., rog.

160. De la vraye et fausse astrologie contre les abusemens de
notre siècle, par R. P. J. Porthæsius. *Poitiers*, *Lepaige*,
1578, in-16, v. f. (*Très rare. L'abbé Rive.*) *incomplet*

161. Le tombeau de l'astrologie judiciaire, par le P. Debilly.
Paris, 1657, in-4, parch. — De l'astrologie judiciaire, par
Bordelon. *Bruxelles*, 1710, pet. in-12, rel. en cart.

162. Synesii liber de insomniis, interpr. Pichonio. *Lutetiæ*,
1586, pet. in-8, réglé, vél. dor., tr. dor.

163. L'onirocrite musulman, ou la doctrine et interprétation
des songes selon les Arabes, par Gabdorrachaman, fils de
Nasar, de la traduction de P. Vattier. *Paris*, 1664, pet.
in-12, v. br. — Le palais du prince du sommeil, où est
enseigné l'orinomancie, autrement l'art de deviner par les
songes, par de Mirbel. *Lyon*, 1670, pet. in-12, v. br.

V. BEAUX-ARTS.

164. Les Beaux-Arts réduits à un même principe (par Bat-
teux). *Paris*, 1746, in-8, v. j. (*Gr. pap. de Hollande.*)—Poé-
tique des arts, par Sobry. *Paris*, 1810, in-8, v. fil.

165. Trattato del' arte de la pittura di Gio. Paolo Lomazzo.
Milano, 1584, in-4, v. br. *Perin.*

166. Discours prononcez à l'académie de peinture et de sculpture, par Ant. Coypel. *Paris*, 1721, in-4, v. m.

167. Traité historique et pratique de la gravure en bois, par
J. M. Papillon. *Paris*, 1766, in-8, 2 vol., mar. r., fil., tr.
dor.

168. Catalogue raisonné des tableaux de Sa Majesté, avec un
abrégé de la vie des peintres fait par ordre du roy, par Lépi-
cié. *Paris*, *impr. Royale*, 1752, in-4, 2 vol., v. f., dent.,
tr. dor. *Gr. pap.*

169. Notice des tableaux anciens des expositions des années
1793, ans v, vi, vii, ix, x, xii et xiii; des tableaux des artistes vivans, expositions des années 1787, an iv, 1808, 1812,
1814 et 1822.—Sculptures et antiques, ans ix, xii et 1807.

170. Segmenta nobilium signorum et statuarum urbis Romæ,
typis æneis à Fr. Perrier commissa. *Parisiis*, 1638, in-fol.,
fig., v. br. (100 *pl. numérotées*, *plus 59 contre-épreuves.*)

171. Descrizione delle pitture, sculture e architetture di

Roma, dell' Ab. Fil. Titi. *Roma*, 1765, in-12, br. — Les monumens de Rome, ou description des plus beaux ouvrages de peinture, de sculpture et d'architecture qui se voyent à Rome et aux environs (par Raguenet). *Paris, Barbin,* 1700, in-12, v. br. — Description de la galerie de Florence. *Arezzo*, 1790, in-12, br., non rog. — Descrizione delle architetture, pitture et scolture di Vicenza. *Vicenza,* 1779, pet. in-8, fig., 2 part. en 1 vol., br. en cart.

172. Catalogue raisonné de différens objets de curiosités dans les sciences et arts qui composoient le cabinet de feu M. Mariette, par F. Bazan. *Paris, Desprez,* 1775, in-8, fig.. v. f.

    Avec les prix et en partie les noms des acquéreurs.

173. Catalogues des dessins, tableaux et estampes des cabinets de MM. Crozat, par Mariette, 1741 ; Julienne, 1767 ; Gaignat, 1768 ; Huquier, 1772 ; le prince de Conti, 1777 ; Randon de Boisset, 1777, 1 vol., in-8, et 3 vol. in-12, v. m., et 2 vol. in-12, br.

174. Catalogues d'objets d'arts, tableaux, dessins, gravures et curiosités des cabinets de MM. Blondel de Gagny, 1776 ; Coypel, 1777 ; Delaborde et Vassal de Saint-Hubert, 1783 ; Lemerle, 1784 ; Vatelet, 1786 ; Lambert et Callet, 1787 ; et de la duchesse de Mazarin, 1781 et 1784. In-8 et in-12, br.

    Quelques-uns avec les prix.

175. Catalogues anonymes de dessins, gravures, tableaux, objets d'arts, etc., des années 1782, 3, 4, 6, 7, 8, 1813, 1822 et 1824, dont quelques-uns avec prix ; en tout, 12 brochures in-8.

176. Le temple des Muses, orné de 60 tableaux de l'antiquité fabuleuse, dessinés et gravés par B. Picart ; avec explications et remarques. *Amst.*, 1749, gr. in-fol., fig., v. f., fil. *Derome.*

177. Icones quinquaquita virorum ill., doctrinâ et crudit. præstantium, ad vivum effectæ, cum eorum vitis descriptis à Jan. Jac. Boissardo, in æs incisæ per Theod. de Bry. *Francof.*, 1597, in-4, 2 vol., v. br., fil.

178. Habillemens de plusieurs nations représentés au naturel en 157 belles figures. *Leyde, Van der AA, s. d.,* in-4 obl., v. br.

179. Recueil de 25 estampes pour l'Iliade d'Homère, par Ponce. In-8, tirées in-4.

172	3	-	Cacquette
173	3	of	Deflorenne
174	2	u	Cacquette
175	2	i	Deflorenne
176	16	So	Crozet
177	29	So	Croquet
178	4	u	Deflorenne
179	3	gg	Damson

180	2	88	
1	3	"	Defloreme
2	5	60	Auvray
3	36	"	Dumoulin
4	6	60	Lebas
5	9	"	techener
6	15	60	defloreme
7	6		jung
8	20	"	Defloreme
9	2	"	
190	2	60	Lebas
1	3	"	defloreme

180. Architecture, ou art de bien bastir de Vitruve Pollion,
mis du latin en françois par Jean Martin. *Genève, Jean de
Tournes*, 1618, in-4, rel. en carton.

181. Il primo (e secondo) libro d'architettura di Sab. Serlio.
Le 1er (et 2e) livre d'architecture de Seb. Serlio, mis en
langue françoyse par J. Martin. *Paris, J. Barbé*, 1545. =
Quinto libro d'architettura di Sab. Serlio (livre des tem-
ples), trad. en françois par J. Martin. *Paris, Vascosan*,
1547, in-fol., fig., v. br.

182. Règles des cinq ordres d'architecture de Vignole, et le-
çons des ombres, démontrées par de la Gardette. *Paris*,
1786, in-4, fig., br., rogn.

183. Les édifices antiques de Rome, dessinés et mesurés par
Antoine Desgodets. *Paris*, 1682, gr. in-fol., fig., v. br.

184. Trattato delle piante e imagini de sacri edifizi di terra
santa disegnate in Gerusalemme secondo le regole della pros-
pettiva e vera misura della lor grandezza, dal P. Bernar-
dino da Gallipoli. *Firenze*, 1619, in-fol., fig., v. br.

185. Del teatro olimpico di Andrea Palladio in Vicenza.
Padova, 1749, in-8, mar. r., dent., tr. dor. *(Padeloup.)*

186. Un vol. grand in-fol., v. f., contenant les œuvres d'architecture et plans de Marot père et fils (178 estampes).

187. Manière de bien bastir, pour toute sorte de personnes,
par Pierre le Muet. *Paris*, 1663, in-fol., fig., parch.

188. La hypnerotomachia di Poliphilo, cioe pugna d'amore
in sogno (da Francesco Columna). *In Venetia, Aldo*, 1545,
in-fol., fig., vél.

189. Des décorations funèbres, par le P. C. F. Ménestrier.
Paris, 1687, in-8, v. m.

190. Méthode pour faire une infinité de dessins différens avec
des carreaux mi-partis de deux couleurs par une ligne diagonale, par le P. Dom. Douat. *Paris*, 1722, in-4, fig., parch.
vert. *(D'Aguesseau.)*

Voyez aussi aux manuscrits, n° 628, un vol. sur le même sujet.

191. Traité ou analyse d'un canal projetté pour dériver une
partie des eaux de la Durance pour Aix, Marseille et Taras-
con, par Floquet. *Marseille*, 1742, pet. in-8, bas. — Explication des moyens propres pour faciliter la construction du
canal de Provence, par le même. *Aix*, 1743, in-8, v. m.,
fil. — Canal de Provence, ou canal d'Aix et de Marseille,
par le même. *Paris*, 1750, in-8, mar. r., fil., tr. dor. *(D'A-
guesseau.)*

192. Dimostrationi harmoniche del R. M. Gioseffo Zarlino da Chioggia. *Venetia, Franc. de Franceschi*, 1571, pet. in-fol., mar. r., fil., tr. dor. *Très bel exemplaire relié par Padeloup.*

193. Histoire générale de la danse sacrée et profane, ses progrès, ses révolutions, depuis son origine jusqu'à présent, avec un suppl. de l'histoire de la musique et le parallèle de la peinture et de la poésie, par Bonnet. *Paris*, 1723, in-12, v. br., tr. dor.

VI. ART DE L'ÉCRITURE. — TYPOGRAPHIE. — ARTS GYMNASTIQUES.

194. Gustavi Seleni cryptomenytice, et cryptographia, in quibus steganographiæ Trithemii enodatio traditur. *Luneburgi*, 1524, in-fol., parch., tr. dor. — Specimen steganographiæ Joa. Trithemii (aut. d'Espierres). *Duaci*, 1641, in-4, mar. n., fil.

195. Mysterium artis steganographicæ novissimum editum in lucem ex musæo Lud. Henr. Hilleri. *Ulmæ*, 1682, pet. in-8, v. br. — L'art d'écrire et de parler occultement, par Comiers. 1653, pet. in-12, v. m. (*Titre à la main imitant l'impression.*)

196. Tachéographie ou l'art d'escrire aussi viste qu'on parle, par le sieur Charles Al. Ramsay, trad. du latin, par A. D. G. *Paris*, 1681, in-12, v. br. — Système universel et complet de sténographie ou manière abrégée d'écrire, inventé par Taylor et adapté à la langue française, par Bertin. *Paris*, an III, gr. in-8, fig., br.

197. Champ fleury auquel est contenu l'art et science de la deue et vraye proportion des lettres attiques..., par G. Tory. (*Paris*, 1526), pet. in-4, fig. en bois, v. m. all., fil. — Caractères de la fonderie de J. Gillé, graveur et fondeur du roi. *Paris*, 1778, in-8, v. m.

198. La milice des Grecs, ou tactique d'Elien, trad. du grec, avec des notes par Bouchaud de Bussy. *Paris*, 1757, pet. in-12, fig., 2 vol., v. m.

199. Art de la guerre, par le maréchal de Puységur, mis au jour par son fils. *Paris*, 1749, in-4, 2 vol., v. m.

200. L'escuirie de Frédéric Grison, trad. de l'italien en françois. *Paris*, 1568, pet. in-4, d.-rel.

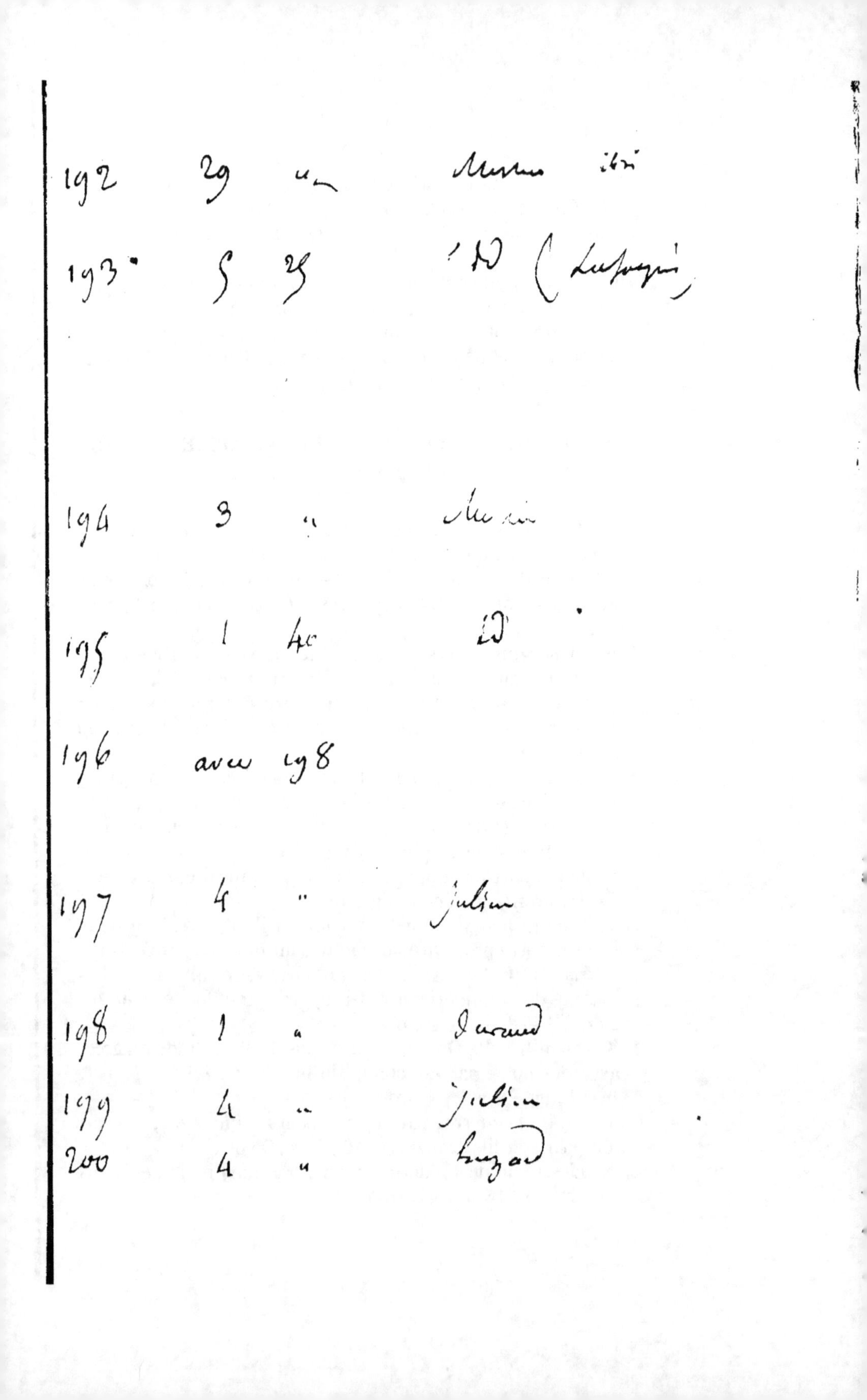

192	29	"	Mustier [illegible]
193	5	29	D ([illegible])
194	3	"	Mu[illegible]
195	1	40	D
196	avec 198		
197	4	"	Julien
198	1	"	Durand
199	4	"	Julien
200	4	"	[illegible]

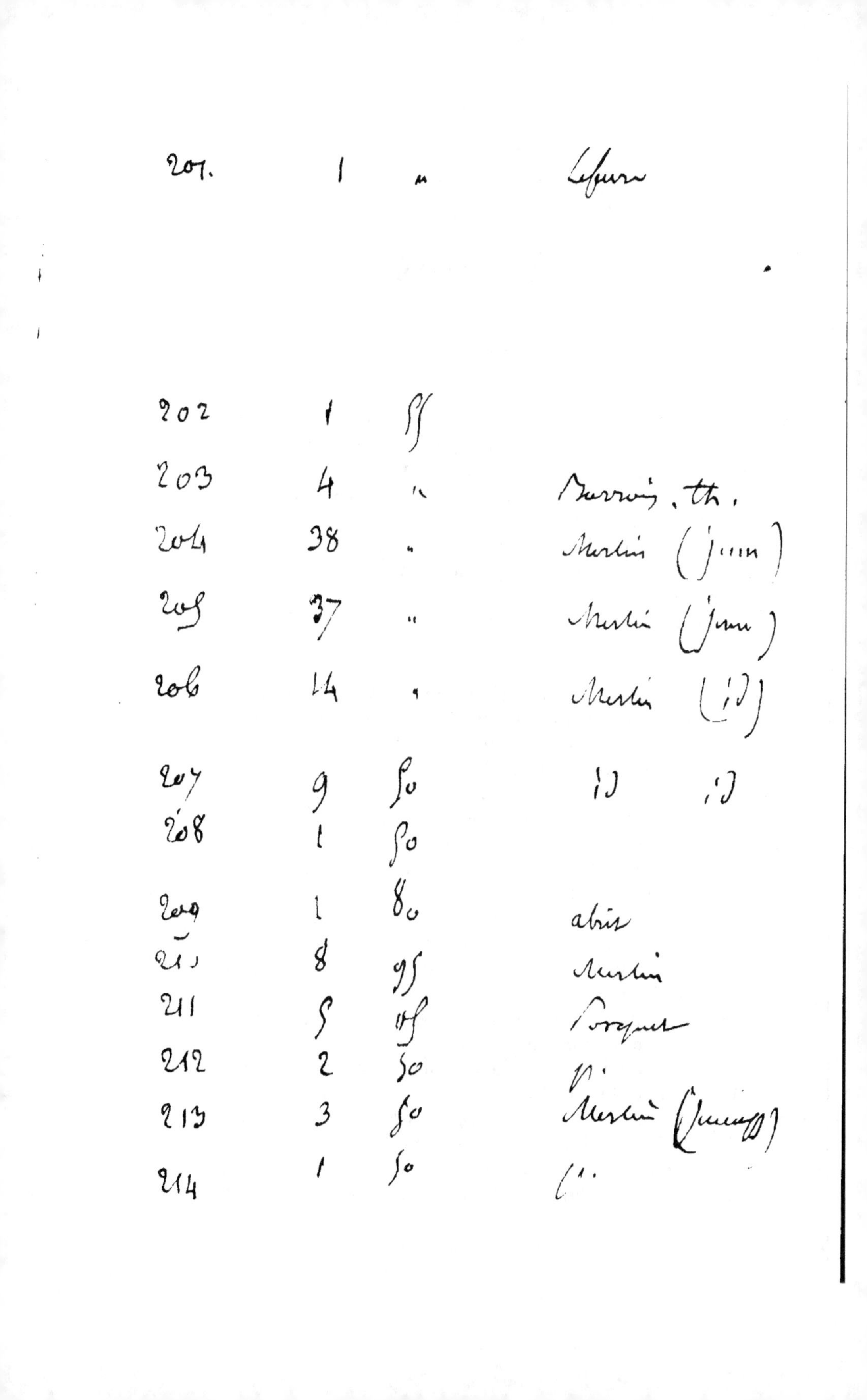

201.	1	„	[illegible]
202	1	[illegible]	
203	4	„	[illegible]
204	38	„	Mertin (jeun)
205	37	„	Mertin (jeun)
206	14	„	Mertin ([illegible])
207	9	[illegible]	[illegible]
208	1	[illegible]	
209	1	[illegible]	abris
210	8	[illegible]	Mertin
211	[illegible]	[illegible]	[illegible]
212	2	[illegible]	[illegible]
213	3	[illegible]	Mertin ([illegible])
214	1	[illegible]	[illegible]

201. L'art de nager, par Thévenot. *Paris, Moette, s. d.*, pet. in-12, fig., v. m.

BELLES-LETTRES.

1. LINGUISTIQUE.

202. Recherches curieuses sur la diversité des langues et religions, par Ed. Brerewood, mises en françois par J. de la Montagne. *Paris, de Varennes*, 1665, pet. in-8, v. br.

203. Fr. Masclef grammatica hebraica, à punctis libera. *Parisiis*, 1731, in-12, 2 vol., v. br.

+ 204. Grammatica hebraica et chaldaica, auctore P. Guarin. *Lutetiæ-Paris.*, 1724, in-4, gr. pap. 2 vol., mar. r., dent., tr. dor, *(D'Aguesseau.)*

+ 205. P. Guarin lexicon heb. et chaldeo biblicum. *Parisiis*, 1746, in-4, gr. pap., 2 vol., mar. r., dent., tr. dor. *(D'Aguesseau.)*

+ 206. Linguæ Sinarum mandarinicæ hieroglyphicæ grammatica duplex, lat. et cum characteribus Sinensium... authore Steph. Fourmont. *Lutetiæ-Paris.*, 1742, in-fol., mar. r., fil., tr- dor. *(D'Aguesseau.)*

+ 207. Meditationes Sinicæ : author Steph. Fourmont. *Lutetiæ-Parisior.*, 1738, in-fol., mar. r., fil., tr. dor.

208. Projet pour perfectioner l'ortografe des langues d'Europe, par l'abbé de Saint-Pierre. *Paris, Briasson*, 1730, in-8, v. f., fil., tr. dor.

209. Vocabulario italiano et greco (volgare), dal P. Girolamo Germano. *Roma*, 1622, pet. in-8, v. j.

210. Cours de langue latine, par Luneau de Boisjermain. *Paris*, 1787, in-8, 4 vol., d.-rel.

211. Novitius seu dictionarium latino-gallicum (authore Magniez). *Lutetiæ-Parisiorum*, 1750, gr. in-4, 2 vol., v. m.

212. Dictionnaire italien, latin et françois et françois-latin-italien, par Antonini. *Paris*, 1745, in-4, 2 vol., v. br.

+ 213. Dictionnaire espagnol et françois, françois et espagnol, par Fer. Sobrino. *Bruxelles*, 1751, in-4, 2 vol., v. m.

214. Les vrais principes de la langue françoise, par l'abbé Girard. *Paris*, 1747, in-12, 2 vol., v. m.—Synonymes fran-

çois, par l'abbé Girard, augmentés par Beauzée. *Paris*, 1780, in-12, 2 vol., v. m.

+215. Celt-Hellénisme ou Étymologie des mots françois tirés du gr., par Trippault. *Orléans, Gibbier*, 1585, pet. in-8, v. j., fil., tr. dor.

216. Dictionnaire étymologique ou origines de la langue françoise, par Ménage. *Paris*, 1694, in-fol., v. br.

217. Les antiquitez gauloises et françoises, augmentées de trois livres contenant les choses advenues en France jusqu'en l'année 751, par Fauchet. *Paris*, 1599, pet. in-8, v. j.

218. Trésor de la langue françoise tant ancienne que moderne, par J. Nicot. *Paris*, 1606, in-fol., parch. vert. (*D'Aguesseau.*)

219. Trésor de recherches et antiquités gauloises et françoises, par P. Borel. *Paris*, 1655, in-4, v. j. (*D'Aguesseau.*)

219 *bis*. Un deuxième exemplaire vél.

+ 220. Curiositez françoises, par Oudin. *Paris*, 1655, in-12, d.-rel.

221. Les origines de quelques coutumes anciennes et de plusieurs façons de parler triviales (par Moysant de Brieux). *Caen, Cavelier*, 1672, pet. in-12, mar. r., fil., tr. dor. (*Descuille.*)

Joli exemplaire d'un livre rare.

+222. Dictionnaire comique, satyrique, critique, burlesque, libre et proverbial, par J. Leroux. *Lyon*, 1735, in-8, v. m.

+223. Dictionnaire françois-celtique ou françois-breton, par Grégoire de Rostrenen. *Rennes*, 1752, in-4, v. f., fil., tr. dor. (*D'Aguesseau.*)

224. Le nouveau dictionnaire suisse, françois-allemand et allemand-françois, par Poëtevin. *Basle*, 1754, in-4, 2 vol., v. m.

+ 225. Dictionnaire royal, françois-anglois et anglois-françois, par Boyer. *Lyon*, 1756, in-4, 2 vol., v. br.

+ 226. Élémens de la langue russe ou Principes généraux de la grammaire appliqués à la langue russe, par Maudru. *Paris*, an x, in-8, 2 vol., br.

II. PHILOLOGIE.

227. Athenæi deipnosophistarum libri XV, cum Jac. Dalechampii latinâ interpretatione, et Is. Casauboni observationibus. *Lugd., Vid. Harsy*, 1612, in-fol., v. f.

215	6	"	Leber
216	3	10	
217	2	95	Canun
218	16	"	Leber
219	5	05	
219 bis	4	60	Corpet
220 bis	4	"	Martin (Leclerc)
221	29	50	Crozet
222	4	"	Martin (Neyquem)
223	36	"	Crozet
224	3	95	Leber
225	5	80	Martin (Jeunesseaux)
226	3	95	Lehros
227	11	50	Labitte

228
228 64 }   1   40

229   17   50   Crozet

230 }
231 }   2   "   Labor

232   3   "   Merlin (Lafayn)
233   1   SS   Taboris

234   1   40   id

235   S   50   Merlin (Ojinttum

236 }
237 }   1   40   Taboris

238 }
239 }   1   50   id

228. Syntagmata duo dissertationum philologicarum variis autoribus. *Rotterod.*, 1699 et 1700, pet. in-8, 2 vol., v. br.

228 *bis*. Museum philologicum et historicum, complectens I-II Is. Casauboni de satyrica Græcorum poesi et Romanorum satyra libri, IV épistolas, III Euripidæ cyclopem lat. et notis donat. a Q. Sept. Florente Christiano et Jos. Scaligero, IV inscriptionem veterem græcam ab Is. Causaubono recens et notis illustrat. V Æg. Strauchii *olympikon agona*, VI Joh. Lehmanni dissertationem de serapide Ægypt. deo. Th. Crenius collegit, recensuit... *Lugd.-Bat.*, 1699, pet. in-8, v. br.

229. Lud. Cælii Rhodigini lectionum antiquarum libri XXX, recogniti ab autore. *Basileæ*, *Froben*, 1550, in-fol., 2 vol., v. f., fil., tr. dor. 1 8 *q* ·

230. Casperii Gevartii electorum lib. III, inquibus plurima veterum scriptorum loca obscura et controversa explicantur, illustrantur et emendantur. *Parisiis*, 1619, in-4, v. j., fil., tr. dor.

231. Gisberti Cuperi observationes. *Ultrajecti, P. Elzevier*, 1670, in-12, mar. r., fil., tr. dor.

232. Opus polyhistoricum de osculis, aut. Martino Kempio. *Francof.*, 1680, in-4, v. br. L. *S*.

233. Analecta philologico critico historica..., Th. Crenius conlegit, recensuit et notas addidit. *Amst.*, 1699, pet. in-8, v. br. -- Dan. Georgii Morhofii dissertationes academicæ et epistolæ. *Hamburgi*, 1699, in-4, v. br.

234. Acta litteraria ex manuscriptis eruta atque collecta, V fasciculis, curâ B. Struvii. *Ienæ, Bielckius*, 1706, in-12, v. f. — Petri Wesseling probabilia. *Franequeræ*, 1731, in-8, v. f., fil.

235. Osservazioni letterarie che possono servir di continuazione al giornal de' letterati d'Italia. *Verona*, 1737, in-12, fig., 6 vol., v. j. *q*

236. École de littérature (par l'abbé de Laporte). *Paris*, 1764, in-12, 2 vol., v. f. — Les Entretiens d'Ariste et d'Eugène (par le P. Bouhours). *Paris*, 1671, in-12, v. br.

237. La retorica di M. Bart. Cavalcanti, con le postille di M. Pio Portinaio. *Venetia*, 1569, in-4, v. br., fil.

238. Poetica d'Aristotele vulgarizzata et sposta per Lod. Castelvetro. *Basilea*, 1576, in-4, parch.

239. Ger. Jo. Vossii poeticarum institutionum lib. tres. *Lugd.-Bat., Lud. Elzev.*, 1647, in-4, v. f., fil.

240. Méthode d'étudier les poètes, par le P. Thomassin. *Paris*, 1681, in-8, 5 vol., v. j.

III. COMPOSITION.

§ Ier. PROSE.

1. ORATEURS, ÉPISTOLAIRES.

241. Orationes politicæ Dinarchi, Lycurgi, Lesbonactis, Herodis, Demadis, gr. et lat., interpr. J. Grutero. *Hanoviæ*, 1619, in-8, parch. — Lysiæ orationes, græcè et lat., cum notis Jodoci Vanderheidii. *Hanoviæ*, 1615, in-8, parch.

242. OEuvres complètes de Lysias, trad. en franç. par Auger. *Paris*, 1783, in-8, d.-rel. — OEuvres complètes d'Isocrate, trad. en franç. par Auger. *Paris*, 1781, in-8, 3 vol., d.-rel.

243. OEuvres complètes de Démosthène et d'Eschine, trad. en françois par Auger. *Paris*, an II, in-8, 6 vol., d.-rel.

244. Themistii orationes XIX, gr. et lat., studio Dion. Petavii. *Parisiis*, 1618, in-4, parch.

245. Martini Ruari, nec non H. Grotii, M. Mersenni, M. Gittichii et Nævani aliorumque ad ipsum epistolæ selectæ. *Amstelod.*, 1677, pet. in-8, v. br.

246. Gasparini epistolæ (*Lovanii, Joannes de Westphaliâ, circa* 1483). Pet. in-fol., mar. vert, fil., tr. dor.

    Voir à la fin du catalogue la description de ce rarissime volume.

246 *bis*. Jac. Sadoleti epistolarum lib. XVI. *Coloniæ, Horst*, 1554, pet. in-8, v., fil.

247. A. G. Busbequii epistolæ quæ extant. *Amstel., Elzevir*, 1660, in-24, v. j. (*D'Aguesseau.*)

248. Epistolæ obscurorum virorum ad Ortuinum Gratium... *Londini*, 1710, in-12, mar. r., dent., tr. dor. (*Deseuille.*)

249. Lettres choisies de M. de Balzac. *Amst., Elzeviers*, 1696, pet. in-12, v. br.

2. FICTIONS.

250. Nucleus emblematum selectissimorum quæ Itali vulgo impresas vocant.... additis carminibus illustratus, à Gabr. Rollenhagio. *Coloniæ, è Musæo cælatorio Crispiani Passæi*, pet. in-4, mar. v., fil., tr. dor. (200 *jolies fig.*)

240	2	50	Martin
241	1	"	Tabori
242	6	40	Hénaup
243	10	"	Laroquea.
244	1	80	Tabori
245			
246	20	"	Martin
246 bis	1	50	Martin (Lasayus)
247	1	50	Martin (lauy)
248	8	95	Crozet
249	1	"	Tabori
250	25	"	

251	—	1	"	Martin (Johann)
252		2	"	Crozier
253		4	"	
254	—	21	"	[illegible]
254 b/s		8	20	Crozier
255 } 256 }		2	"	
257		1	"	Tabari
258		3	of	Martin (Lebri)
259		39	50	[illegible]
260		1	of	[illegible]
261		7	10	[illegible]
262 } 263 } 264 }		3	40	Tabari

251. Relation du voyage mystérieux de l'Isle de la Vertu.
Mons, Migeot, 1677, in-12, v. m.

252. L'an 2440, rêve s'il en fut jamais, suivi de l'Homme de fer,
songe (par Mercier). 1795, in-12, 3 vol., bas., fil., tr. dor.

253. Il decamerone di M. Giov. Boccacio nuovamente alla
sua intera perfettione riddotto, per Girol. Ruscelli. *Venetia,
Vic. Valgrisio*, 1552, in-4, fig., v. br. *(Avec l'anagramme
autographe du nom de Lamonnoie.)*

254. Le Decameron de Bocace, trad. par Le Maçon. *Londres
(Paris)*, 1757, in-8, gr. pap., fig., 5 vol., v. m.

254 *bis*. L'Arcadia in Brenta ovvero la melancolia sbandita,
di Ginnesio Gavardo (data in luce da G. B. Vagherino).
Bologna, 1693, pet. in-12, mar. r., fil., tr. dor. *(Padeloup.)*

255. L'histoire éthiopique de Héliodore, trad. du gr. en
franç., par J. Amyot. *Paris*, 1616, in-16, v. j.

256. La historia de los dos leales amantes Theagenes y Chari-
clea trasladada de latin en romance por Fernando de Mena
Paris, Lemur, 1616, pet. in-12, v. j.

257. Les amours de Daphnis et Chloé (trad. de Longus par
Amyot). *Paris, Coustelier*, 1751, in-12, fig., v. m.

258. La vita di Merlino, con le sue profetie..., translat. di
lingua francese. *Venetia, Venturino di Rossinelli*, 1559,
pet. in-8, fig. en bois, v. br.

259. Histoire de Aurelio et Isabelle, fille du roy d'Escosse,
nouvellement trad. en quatre langues, ital., espag., franç.
et angl. *Bruxelles, Mommart*, 1608, pet. in-8, mar. r., fil.,
tr. dor. *(Bel exempl., relié par Padeloup.)*

260. La Diana de G. de Montemajor. *Barcelona*, 1614, in-8,
v. br.

261. Vida y hechos de D. Quixote de la Mancha, por Miguel
de Cervantes Saavedra. *Barcelona*, 1755, pet. in-8, fig.
en bois, 4 vol., parch.

262. Friendship in death. *London*, 1755, in-8, v. j. *(D'A-
guesseau.)*

3. SATIRES, CRITIQUES, FACÉTIES.

263. Dictionnaire néologique avec l'éloge de Pantalon Phœ-
bus (par l'abbé Desfontaines). 1726, in-12, v. br.

264. La guerre séraphique ou Histoire des périls qu'a courus
la barbe des Capucins par les violentes attaques des Corde-

liers. *La Haye*, 1765, in-12, v. m. — Toilette de l'archevêque de Sens (par Burluguay). 1669, in-12, v. j., fil. — Le saint déniché ou la Banqueroute des marchands de miracles, comédie. *Amsterd.*, *Ledet*, 1733, in-12, v. f. — Harangues des boulangers du faubourg Saint-Victor aux notables de la paroisse Saint-Nicolas-du-Chardonnet, pour r'avoir leur cloche. *S. d.*, pet. in-8, br

264 *bis*. D. Ruardi Tappart enchusani hæreticæ pravitatis primi et postremi per Belgium inquisitoris apotheosis (authore H. Geldorp). *Franekeræ*, 1643, pet. in-12, v. f. (*Très rare. Rive.*)

265. La fable des abeilles ou les fripons devenus honnêtes gens, trad. de l'angl. (de Mandeville). *Londres*, 1740, in-12, 4 vol., v. f.

266. L'art de rendre les femmes fidelles, par M. *Paris*, 1713, in-12, v. br. — Lucina sine concubitu, Lucine affranchie des lois du concours, trad. de l'angl. d'Abr. Johnson. 1750, in-8, v. porph., fil.

§ II. POÉSIE.

1. POÉSIE GRECQUE ET LATINE.

267. Is. Casauboni de satyrica Græcorum poesi et Romanorum satyra lib. duo. *Parisiis*, 1665, pet. in-8, v. br.

268. Musæi erotopægnion Herùs et Leandri, gr., cum versione lat., collegit et commentario libro illustravit Dan. Pareus. *Francof.*, 1627, in-4, v. (*D'Aguesseau.*)

269. Hesiodi ascræi quæ extant, gr. et lat., cum notis var., operâ Cornel. Schrevelii. *Lugd.-Bat.*, 1650, in-8, v. br.

270. L'origine des dieux du paganisme et le sens des fables découvert par une explication suivie des poésies d'Hésiode, par Bergier. *Paris*, 1774, in-12, 2 vol., v. m.

271. OEuvres d'Hésiode, trad. avec notes, par Gin. *Paris*, 1785, pet. in-8, pap. vél., v. f., fil., tr. dor.

272. Homeri Ilias et Odyssea, gr. et lat. *Apud Crispinum*, 1559, in-16, 4 vol., v. br.

273. OEuvres d'Homère, trad. par Gin. *Paris*, 1786, in-8, gr. pap., 8 vol., savoir : 4 vol. br. en cart. et 4 vol. br.

273 *bis*. Anacreontis carmina, cum Sapphonis et Alcæi fragmentis, gr. *Glasguæ*, 1751, in-64, v. m., all., fil., tr. dor.

264 bis			
265	2	"	Tabarin
266	1	80	id
267	1	.10	La bitte
268	1	50	
269	1	50	Tabarin
270	2	50	Crozet
271	2	50	Martin
272	4	40	Tabarin
273	5	85	
274 bis	1	"	La bitte

274	1		
275	16	"	Laborie
276	10	So	Debure
277	18	So	labute
278	7	So	¿o
278	14	"	~~Hussaye~~ Crozer
279	6	"	Vérguet
280	avec le N° 604		~~Brunet~~
281	9	So	Brunet
282	1	So	Lefévre
283	2	"	Debure
284	1	So	Crozer

274. Idylles de Théocrite, Bion et Moschus, trad. en vers françois, avec des remarques (par de Longe-Pierre), avec le texte. *Paris*, 1688, 1686, in-12, 2 vol., v. br.

275. Corpus veterum poetarum latinorum cum eorumdem italicâ versione (ed. Malatesta et Argelati). *Milano*, 1751 et ann. seq., in-4, 25 tom. en 15 vol., v. j. (Le tom. 22 manque.) (*D'Aguesseau.*)

276. Poetæ latini rei venaticæ scriptores bucolici antiqui, cum notis variorum, edente Ger. Kemphero. *Lugd.-Bat.*, 1728, in-4, fig., v. f. (*D'Aguesseau.*)

277. T. Lucretii Cari de rerum naturâ lib. sex, cum notis variorum, curâ Sigib. Havercampi. *Lugd.-Bat.*, 1725, in-4, fig., 2 vol., v. f. (*D'Aguesseau.*)

277 *bis*. Lucrèce de la nature des choses, trad. par de La Grange. *Paris*, 1768, in-8, pap. fort. fig., 2 vol., v. éc., fil., tr. dor.

278. Di Tito Lucrezio Caro della natura delle cose lib. VI, tradotti da Alessandro Marchetti. *Londra*, 1761, pet. in-12, 2 vol., mar. r., fil., tr. dor. (*Padeloup.*)

279. Quattro libri delle elegie di Properzio, tradotti in terza rima con note (da G. C. Becelli). *Verona*, 1743, gr. in-8, mar. r., fil., tr. dor. (*Padeloup.*)

280. C. Valerii Flacci argonautica. Jo. B. Pii carmen ex quarto argonauticon Apollonii. Orphei argonautica innominato interprete. *Venetiis*, *Aldus*, 1523, pet. in-8, parch.

281. Aurelius Prudentius Clemens, Theod. Pulmanni et Vict. Giselini operâ emendatus et in eum ejusdem Giselini commentarius. *Antuerpiæ*, *Plantinus*, 1564, in-8, mar., marbré, fil., tr. dor.

282. Pervigilium Veneris, Ausonii Cupido cruci adfixus, cum notis variorum. *Hagæ-Comitum*, 1712, in-8, v. m.

283. Aonii Palearii verulani de animorum immortalitate libri III. *Lugduni*, 1536, in-8, v. f. — G. Buchanani poemata quæ exstant. *Amst.*, *Wetstenius*, 1687, in-24, v. br.

284. La Callipédie, trad. du poème latin de Cl. Quillet, avec le texte. *Paris*, 1749, in-8, gr. pap. de Holl., v. j. (*D'Aguesseau.*) — Joan. B. Santolii opera poetica. *Parisiis*, 1694. == Ejusdem hymni sacri et novi. *Ibid.*, 1698, in-12, 2 vol., v. br., tr. dor.

2. POÉSIE FRANÇAISE.

285. La muse chrestienne, ou recueil de poésies chrestiennes tirées des principaux poètes françois. *Paris, Gervais Mallot*, 1582, pet. in-12, lavé, réglé, mar. v., tr. dor.

Exemplaire qui a appartenu à Henri III, et qui porte ses armes et sa devise (*Spes mea Deus*).

286. Le castoiement, ou l'instruction du père à son fils, ouvrage moral, en vers, composé dans le treizième siècle. *Paris, Chaubert*, 1760, in-12, v. m.

287. Les œuvres poétiques de Clovis Hesteau, sieur de Nuysement. *Paris, Abel Langelier*, 1578, in-4, v. j. (*Le titre à la main imitant l'impression.*)

288. Les œuvres de Clément Marot. *La Haye, Moetjens*, 1700, pet. in-12, 2 vol., v. br.

289. Poésies satiriques du dix-huitième siècle. *Londres (Paris, Cazin)*, 1782, in-18, 2 vol., v. éc., fil., tr. dor.

290. La Religion, poème, par L. Racine. *Paris*, 1742, gr. in-8, v. j. (*D'Aguesseau.*)

291. Recueil de pièces choisies sur les conquêtes et la convalescence du roy en 1745. *Paris*, in-8, gr. pap., mar. bl., fil., tr. dor. (*Exemplaire de madame de Pompadour.*)

292. Poésies érotiques, par le chev. de Parny. *A l'île Bourbon (Paris, Pierres)*, 1778, in-18 (ou in-12, pap. fort, v., fil., tr. dor. *Derome*.

293. Fables choisies, mises en vers par J. de La Fontaine, édition gravée en taille-douce, les figures par Fessard, le texte par de Montulay. *Paris*, 1765, in-8, fig., 6 vol., bas., fil., tr. dor.

294. Contes et nouvelles en vers par de La Fontaine. *Amst.*, 1764, in-8, fig., 2 vol., v. éc., fil., tr. dor.

295. Les à-propos de société et les à-propos de la folie, chansons par L. (Laujon). *Paris*, 1776, in-8, 5 vol., d.-rel.

296. Recueil de chansons, avec accompagnement de violon, guitare et clavecin. In-4, mar. rouge, large dent, tr. dor., doublé de moire. *Manuscrit de la main de Guffroy.*

297. Recuil de pouésios prouvençalos de M. F. G. de Marsillo. *Marseille*, 1754, in-8, parch. vert. (*D'Aguesseau.*)

285	26	..	Mustin (Libris)
286	3	95	Carpenter
287	1	50	
288	2	75	Lefure
289	2	50	Moze
290	6	..	Mustin (Jany)
291	5	25	crozer	3 tours
292	2	50	
293	9	50	Taborie
294	5	80	Lefure
295	1	50	Taborie
296	8	50	Lefure
297	3	50	Barroy

2q8	7	8u	Taboric
2q9	'2	~	[illegible]
3oo	3	5o	Taboric
3o1	4	7/	[illegible]
2	13	"	Merlin ([illegible])
3	3	6o	[illegible]
4	1oo	"	Crozes
5	5	5o	
6	3	6/	Tabaric
7	2	"	[illegible]
8	2	[illegible]	[illegible]
9	52	5o	Crozet
3io	5	..	[illegible]

5. POÉSIE ITALIENNE, ALLEMANDE, ANGLAISE.

298. Dante, con l'espositione di Christof. Landino et di Aless.
Vellutello. *Venetia, Sessa*, 1564, in-fol., fig., parch.

299. Il Petrarca con l'espositione di M. Gio. Andrea Gesvaldo.
Venetia, Griffio, 1581, in-4, v. f.

300. La Gierusalemme liberata di Torquato Tasso. *(Londra)*,
Tonson et Watts, 1724, in-4, 2 vol., v. br.

301. Orlando innamorato di Matteo M. Bojardo, rifatto da
Francesco Berni. *Parigi*, 1768, in-12, 4 vol., v. m., fil.

302. Rime di Pietro Bembo. *Bergamo*, 1745, in-8, mar. r.,
dent., tr. dor. *Padeloup*.

303. La secchia rapita di Tassoni. *Parigi, Prault*, 1766, gr.
in-8, fig., v. f.

304. Ricciardetto di Nicc. Carteromaco. *Parigi (Venezia)*,
1758, in-12, 2 vol., mar. r., fil., tr. dor. *Padeloup*.

305. La mort d'Abel de Gessner, poème, trad. de l'allem. par
Huber. *Paris, Defer de Maisonneuve*, 1793, gr. in-4, pap.
vél., fig. en couleur d'après Monsiau, cart. à la Bradel.

306. Œuvres de Pope, trad. de l'anglais. *Amsterd.*, 1767,
in-12, 8 vol., v. m.

§ III. THÉATRE.

307. Le théâtre des Grecs, par le P. Brumoy. *Paris*, 1749,
in-12, 6 vol., v. m.

308. Vetustissimorum et sapientiss. comicorum quinqua-
ginta, quorum opera integra non extant, sententiæ quæ
supersunt, gr. et lat., collectæ per Jac. Hestelium. *Basileæ*,
1560, pet. in-8, v. br. — P. Scriverii collectanea veterum
tragicorum cum notis Ger. Jo. Vossii. *Lugd.-Bat.*, 1620.=
L. A. Seneca tragicus ex recensione P. Scriverii. *Ibid.*,
1621, in-8, parch.

309. Aristophanis comœdiæ undecim, græcè et latinè; cum
scholiis antiquis, notis variorum et Bentleii, curante Lud.
Kustero. *Amstel.*, 1710, in-fol., v. m.

310. L. A. Senecæ tragœdiæ, cum notis integris J. F. Gronovii et aliorum; omnia recensuit Joan. Casp. Schroderus.
Delphis, Beman, 1728, in-4, v. m.

311. Le théâtre de Pierre Corneille. *Paris*, 1747, in-12, 6 vol., v. f. *Gr. papier. (D'Aguesseau.)*

312. OEuvres de Racine. *Paris*, 1741, in-12, fig., 2 vol., v. br. *Gr. papier. (D'Aguesseau.)*

313. La folle journée, ou le mariage de Figaro, par de Beaumarchais. (*Kehl*) *Paris*, *Ruault*, 1785, in-8, gr. pap. vél., mar. bl., fil., tr. dor. *Derome.*

314. La fida nimpha, favola pastorale di Fr. Contarini. *Padoa*, *Bolzetta.* == Il Pellegrino, com. di Gir. Parabosco. *Venetia*, *Bonibelli*, 1596. == La pace, com. di Marin Negro. *Venetia*, 1592. == Gli intricati, pastorale di Al. Pasqualigo. *Venetia*, *Ziletti*, 1581. == Scelta di facezie, tratti, buffonerie, motti e burle, cavate di diversi autori. *Firenze*, *Giunti*, 1579, pet. in-8, parch.

315. Gli amorosi inganni, com. di Vinc. Belando detto Cataldo Siciliano ; in el fine una disperation satirica in lingua venetiana, e la dichiaratione de vocaboli oscuri spagnuoli e siciliani. *Parigi*, 1619, pet. in-12, parch.

316. Poesie drammatiche di Apostolo Zeno. *Venezia*, 1744, in-8, 10 vol., v. m., all., fil.

317. La Sulamitide, boschereccia sagra di Neralco pastore Arcado. *Roma*, 1732, in-4, parch. (*D'Aguesseau.*)

318. Théâtre anglois, trad. en françois. *Londres*, 1746, in-12, 8 vol., v. br.

§ IV. POLYGRAPHIE.

319. Xenophontis opera, gr. et lat., curante Jo. Leunclavio. *Francof.*, 1596, in-fol., v. br. (*D'Aguesseau.*)

320. Luciani Sam. opera quæ extant, cum latina doctissimorum virorum interpret., Jo. Bourdelotius contulit, emendavit, suplevit; adjectæ notæ Bourdelotii. *Parisiis*, 1615, in-fol. v. br., fil.

321. Philostrati opera, Philostrati junioris imagines et Callistrati ecphrases, gr. et lat., ex recens. Fed. Morelli. *Parisiis*, 1608, in-fol., v. br.

322. M. T. Ciceronis opera, cum notis diversorum, edente Is. Werburgio. *Amst.*, 1724, pet. in-8, 11 tom. en 12 vol., v. br. (*D'Aguesseau.*)

323. J. Cæc. Frey opuscula varia nusquam edita. *Parisiis*, 1646, in-8, v. m.

324. OEuvres de Boileau Despréaux, avec des éclaircissemens

311	3	So	Crozzet —
2	Lao	"	[illegible]
3	3	"	[illegible]
4	1	So	Austin (libris
5	2	"	[illegible]
6	4	So	[illegible]
7	1	So	[illegible]
8			
9	9	40	Labotte
320	9	35	Henany
1	6	"	Martin
2	18	"	
3	1	of	
4	9	"	Crozelet

324 bis   7   60   ~~Avis~~
325
326   41   50   defloreuse
7   5   50   grandmangea 1.
8   1   50

                8   20   Labetta

324 bis   9   10   croyer
320   4   u   Mertin (Leclin?

331
          1   50
332

333
          7   10
334   ann 335

historiques donnez par lui-même, avec fig. gravées par B. Picart. *La Haye*, 1718, in-fol., 2 vol., v. br., fil.

324 *bis*. Les mêmes. *Ibid.*, 1729, in-fol., 2 vol.,v. f., tr. dor.

325. Œuvres de l'abbé de Saint-Réal. *Paris*, 1730, in-12, 5 vol., v. f.

326. Œuvres complètes de J. J. Rousseau. *Paris*, *Belin*, 1793, in-18, 37 vol., mar. v., fil., tr. dor.

327. Œuvres posthumes d'Athanase Auger. *Paris*, 1792, in-8, 10 vol., d.-rel.

328. Apophthegmata græca regum, et ducum, philosophorum item aliorumque quorumdam, ex Plutarcho et Diogene Laertio, cum latina interpretatione. *Excudebat H. Stephanus*, 1568, in-16, v. br.

329. Loci communes sacri et profani sententiarum omnis generis ex autoribus græcis plusquam trecentis congestarum, per Joa. Stobæum et veteres in Græcia monachos Antonium et Maximum, à Conr. Gesnero latinitate donati. *Francof.*, 1581, in-fol., v. br. (*D'Aguesseau.*)

329 *bis*. Menagiana. *Paris*, 1715, in-12, 4 vol., v. br. (*Avec les cartons.*)

330. Longueruana. *Berlin*, 1754, in-12, 2 tom. en 1 vol., d.-rel. — Mémoires de littérature (par Sallengre). *La Haye*, 1715, in-12, 2 vol., v. br. — Pensées de milord Bolingbroke sur différens sujets d'histoire, de philosophie, de morale, etc. *Paris*, 1771, in-12, v. porph., fil.

HISTOIRE.

I. INTRODUCTION. — GÉOGRAPHIE. — VOYAGES.

331. Relectiones hyemales de ratione et methodo legendi utrasque historias civiles et ecclesiasticas, auctore Degoreo Whear. *Cantabrigiæ*, 1684, in-12, v. br.

332. Discours des vertus et des vices de l'histoire et de la manière de la bien escrire, par Le Roy. *Paris*, 1620, in-4, v. j. fil. — Lettres sur l'histoire, par lord Bolingbroke, trad. de l'angl. 1752, in-12, 2 vol., v. m.

333. L'esprit de l'histoire ou Lettres politiques et morales d'un père à son fils, par Ferrand. *Paris*, 1805, in-8, 4 vol., v. m.

334. Essai sur l'histoire de la géographie, par Robert de Vaugondy fils. *Paris*, 1755, in-12, v. m.

335. Élémens de géographie, par M. de Maupertuis. *Paris*, 1742, in-8, mar. r., fil., tr. dor. (*D'Aguesseau.*)

336. Éclaircissemens géographiques sur l'ancienne Gaule, par d'Anville. *Paris*, 1741, in-12, v. j. (*D'Aguesseau.*)

337. L'atlas françois, par Jaillot. *Paris*, 1698, in-fol., atl., 2 vol., mar. r., dent., tr. dor.

338. Conducteur françois, par Denis. *Paris*, 1785, in-8, cartes color., 52 numéros.

339. De l'utilité des voyages et de l'avantage que la recherche des antiquités procure aux sçavants, M. par Beaudelot de d'Airval. *Rouen*, 1728, in-12, fig., 2 vol., v. br.

340. Voyage dans les Alpes, précédé d'un essay sur l'histoire naturelle des environs de Genève, par de Saussure. *Genève*, 1786, in-4, fig., 2 vol., v. porph., fil. (Tom. 1 et 2.)

341. Voyage dans les treize cantons suisses, les Grisons, le Vallais, par Robert. *Paris*, 1789, in-8, 2 vol., v. gr

342. Voyage de Henry Swinburne en Espagne, en 1775 et 1776, dans les Deux-Siciles, en 1777, 1778, 1779 et 1780, trad. de l'anglais. *Paris*, 1787, gr. in-8, 5 vol., v. f., dent.

343. Voyage en Pologne, Russie, Suède, Danemarck, etc., par Will. Coxe, trad. de l'anglois par Mallet. *Genève*, 1787, in-8, 4 vol., fig., v. granit.

344. Voyage pittoresque de la Grèce (par de Choiseul Gouffier). *Paris*, 1782, in-fol., fig., br. en cart. (Tom. 1er.)

345. Voyage au Levant, par Corneille le Bruyn. *Paris*, 1725, in-4, fig., 5 vol., v. br. (*D'Aguesseau.*)

346. Voyage dans les États-Unis d'Amérique, fait en 1784, par J. F. D. Smith, trad. de l'anglois, par M. de B. *Paris*, *Buisson*, 1791, in-8, 2 tom. en 1 vol., d.-rel.

II. CHRONOLOGIE. — HISTOIRE UNIVERSELLE. — HISTOIRE DES RELIGIONS.

347. L'art de vérifier les dates des faits historiques, par les religieux Bénédictins. *Paris*, 1750, gr. in-4, v. f., tr. dor. (*D'Aguesseau.*)

348. Edv. Corsini dissertationes IV agonisticæ, quibus olympiorum, pythiorum, nemeorum atque isthmiorum tempus inquiritur ac demonstratur... *Lipsiæ*, 1752, in-8, v. f., fil. (*Deronne.*)

335	1	50	Tabarié
6	6	60	croyat
7	8	50	Tabarié
8	3	4	id
9	1	"	
340	3	of	
1	2	"	Grandmange
2	8	"	id
3	2	of	id
4	12	"	Martin
5	8	70	Leconte
6	1	"	Tabarié
552			
7	6	of	tabarié
8	2	of	Labette

349	2.	of	
350	1	"	Merlin (Lagny)
1	7	60	id (Johannem)
2	2	50	Tabaric
3	5	of	Defloranne
4	2	50	Tabaric
5	4	"	
6	4	"	Tabaric
"	1	"	Grandmenage
8	3	"	Merlin (L. Leclerc)
9	1	25	Tabaric
360	2	"	Merlin (Lagny)

549. Origines gentium antiquissimæ, or attempt for discove-
ring the times of the first planting of nations, by R. Cum-
berland, publish'd by S. Payne. *London*, 1724, in-8, v. j.
(*D'Aguesseau.*)

X 550. Abrégé chronologique de l'histoire sacrée et profane, par
Calmet. *Nancy*, 1729, in-12, bas.

+ 551. Mythographi latini, cum notis Thom. Munckeri. *Amst.*,
1681, in-8, 2 vol., vél.

552. De Diis gentium varia et multiplex historia, in qua simul
de eorum imaginibus ac cognominib. agitur, Lilio Gregorio
Giraldo auctore. *Basileæ, Oporinus*, 1548, pet. in-fol., v.
j. (*D'Aguesseau.*)

553. Deorum Dearumque capita ex vet. numismat. effigiata
et edita ex museo Abr. Ortelii. *Antuerpiæ*, 1573, pet. in-4,
parch.

554. Discours de la religion des anciens Romains, par Guill.
du Choul. *Lyon*, 1581, in-4, fig., v. br.

555. Los discursos de la religion... de los antiguos Romanos
y Griegos, de Guill. du Choul, trad. por Balth. Perez del
Castillo. *Leon de Francia, Rovillio*, 1579, in-4, fig., parch.

556. De oraculis Gentilium et in specie de vaticiniis sybil-
linis libri tres, autore Daniele Clasen, adjuncta sunt carmina sybillina, è versione Seb. Castalionis ut et Onuphrii
Panvinii tractatus de sybillis. *Helmstadii, Mullerus*, 1675,
in-4, vél. — Ant. Van Dale de oraculis veterum Ethnicorum
dissertationes duæ. *Amst.*, 1700, pet. in-4, fig., v. m. — Is.
Vossius de sibyllinis aliisque quæ Christi natalem præcessere
oraculis. *Lugd.-Bat.*, 1680. = Scriptura S. Trinitatis revela-
trix, auth. Herm. Cingallo. *Goudæ*, 1678, pet. in-12, v. f.

557. Is. Vossii de sibyllinis aliisque, quæ Christi natalem præcessere oraculis, accedit... ejusdem responsio ad objectiones
nuperæ criticæ sacræ. *Oxoniæ, è theatro Sheldon.*, 1680, in-8,
v. gr., fil., tr. dor.

+ 558. Tobiæ Gutberlethi J.-C. de saliis Martis sacerdotibus
apud Romanos, liber singularis. *Franckeræ*, 1704. = Ejusdem dissertatio de mysteriis Deorum cabirorum. *Ibid.*,
1705, pet. in-8, vél. vert, fil.

559. Elias Schedius de diis germanis. *Amst., Lud. Elzev.*,
1648, pet. in-8, parch.

X 560. Goth. Voigti thysiasteriologia sive de altaribus vett.
christianorum liber editus à J. Alb. Fabricio. *Hamburgi*,
1709, pet. in-8, fig., v. f.

561. Chr. Chr. Sandii Nucleus historiæ ecclesiasticæ. *Cosmopoli, libertus pacificus*, 1669, pet. in-8, v. br.

562. Fratris Roberti Carazoli, opus de laudibus sanctorum. *Parisiis, Georg. Wolf*, 1489, pet. in-4, goth., v br.

+ 563. Fioretti di S. Francesco ne' quali si contiene la vita e i miracoli che egli fece per diverse parti del mondo nuovamente in miglior lingua ridotti. *Venetia, Sessa*, 1581, pet. in-8, fig. en bois, mar. bleu, fil , tr. dor. (*Très bel exempl. relié par Derome.*) 15 . m . bib.

564. La vie de monseigneur Sainct Bernard, composée par maistre Guillaume Flameng. *Paris, pour Fr. Regnault, s. d.*, pet. in-4 goth., d.-rel.. dos de mar. r.

    Non cité dans les bibliographies. Le titre manque.

564 *bis*. La vie et légende de monseigneur Sainct Alexis. *Sans lieu ni date.*) In-4 goth., d.-rel., dos de mar. r. 4 feuillets.

565. Sensuit la vie de monseigneur saint Aulzias de Sabran, comte d'Ariam, glorieux confesseur et vierge, extraicte par Rev. D. J. Raphael, de l'O. de S. Dominique du pays de Provence (vie de saincte Daulphine, épouse de S. Aulzias de Sabran). *Impr. à la requête de Pierre de Sabran, seigneur de Beaudiner. Paris, J. Trepperel, s. d.*, pet. in-4, goth., d.-rel., dos de mar. r,

566. Vie du pape Sixte V, trad. de l'ital. de Greg. Leti. *Paris*, 1751, in-12, fig., 2 vol., v. f.

+ 567. Histoire de Notre-Dame de Liesse, par M. Villette. *Laon et Paris*, 1708, in-8, fig., bas. j. J

568. Anecdotes sur l'état de la religion dans la Chine ou Relation de M. le cardinal de Tournon, patriarche d'Antioche, visiteur apostol., avec pouvoir de légat *à latere* à la Chine, écrite par lui-même. *Paris*, 1733, in-12, 7 vol., v. m.

569. Abrégé des histoires des plus fameux hérésiarques qui ont paru en Europe depuis l'an 1040, par M. D. (de Michel). *Rouen*, 1709, in-12, v. br. — Historia reformationis polonicæ, auctore Stanislao Lubieniecio. *Freistadii, Aconius*, 1685, in-12, v. br.

570. Une collection curieuse d'ouvrages sur la société des Rosecroix au 17e siècle, savoir :

    — Silentium post clamores, hoc est tractatus apologeticus... de revelationibus fraternitatis Germ. de R. C. (Rosea Cruce), auth. Mich. Maiero. *Francof.*, 1617, in12, br., rog.

    — Judicia clariss. aliquot ac doctiss. virorum gravissima

361 }	1	80	tabard
2 }			
3	19	50	tabac
4	10	..	Merlin
4 bis	3	"	
5	9	of	Dumoulin
6	1	of	
7	2	20	Merlin (Junisprug)
8	1	50	
9	2	of	tabac
370	6	..	Tabard

370 6½   l   of   Taborte

371   6   y   Labette

372   4   70   Orozu

de statu et religione fraternitatis de Rosea Cruce. *Francof.*, 1616 , in-12, br. rog.

— Sylloge, an hostia sit verus, cibarius et *synonymos* dictus panis, à frat. Roseæ-Crucis donata..., per Theophilum de Pega. *Hanoviæ*, 1618, in-12 , br. rog.

— Responsum ad fratres Rosaceæ-Crucis illustres (per Herc. Ovallodium, Heermannum Condestanum, Martium a Casa Cegdessa). 1618, pet. in-12, br., rogn.

—Édict d'Espagne contre la détestable secte des illuminez, eslevez es archevesché de Seville et evesché de Cadiz, trad. sur la coppie espagnole. 1623, in-12, br. rog.

— Effroyables pactions faictes entre le diable et les prétendus invisibles, avec leurs damnables instructions, perte déplorable de leurs escoliers et leur misérable fin. 1623, pet. in-8, br. rog.

—Advertissement pieux et très utile des frères de la Rosée-Croix, à sçavoir s'il y en a, quels ils sont, d'où ils ont prins ce nom et à quelle fin ils ont espandu leur renommée, par Henry Neuhouz de Dantzic. *Paris*, 1623, pet. in-8, br. rog.

—Examen sur l'inconnue et nouvelle caballe des frères de la Rozée-Croix, habituez depuis peu de temps en la ville de Paris, ensemble l'histoire des mœurs, coutumes, prodiges et particularités d'iceux. 1624, pet. in-8, br., rog.

— Instruction à la France sur la vérité de l'histoire des frères de la Roze-Croix, par G. Naudé. *Paris*, 1623, pet. in-8, vél.

Nota. Cette collection pourra être divisée.

370 *bis*. Histoire générale de la religion des Turcs, avec la naissance, la vie et la mort de leur prophète Mahomet, par Michel Baudier. *Paris*, 1625, in-4, v. br.

371. Ismael Abulfeda de vitâ et rebus gestis Mohammedis, arabicè et latinè, edente Jo. Gagnier. *Oxoniæ*, 1723, in-fol., parch. vert. (*D'Aguesseau.*)

III. HISTOIRE ANCIENNE.

§ Ier. HISTOIRE DES PEUPLES DE L'ANTIQUITÉ.

372. Car. Sigonius de repub. Hebræorum, editus à Joan. Nicolai. *Lugd.-Bat., Boutestein*, 1701, in-4, v. br.—République des Hébreux. *Amst.*, 1705, pet. in-8, fig., 3 vol., v. br.

575. Joan. Laurenbergii græcia antiqua, edidit Sam. Puffendorf. *Amst.*, 1661, in-8, cartes et fig., v. br. — Q. Cur-
tius Rufus de rebus Alexandri magni, cum notis Joan. Minellii. *Amst.*, 1702, pet. in-12, v. j. (*D'Aguesseau.*)

574. Pausanias, ou voyage historique de la Grèce, trad. par
Gedoyn. *Paris*, 1751, in-4, cart. et fig., 2 vol., v. br.

574 *bis*. Thucydidis de bello Peloponnesiaco libri VIII, gr. et
lat. *Oxoniæ, è Th. Sheld.*, 1696, in-fol., v. f.

575. Voyage du jeune Anacharsis en Grèce, dans le milieu
du IVe siècle avant l'ère vulgaire (par Barthélemy). *Paris,
de Bure*, 1788, in-8, 7 vol., et atlas in-4, v. m., all., fil.

576. Varii historiæ romanæ scriptores antiqui partim græci
partim latini in velut corpus redacti. *Excud. H.
Stephanus*, 1568, pet. in-8, 4 vol., parch.

577. Considérations sur les causes de la grandeur des Romains
et de leur décadence (par Montesquieu). *Amst.*, 1734,
in-12, v. f. — Histoire des révolutions arrivées dans le gouvernement de la république romaine, par de Vertot. *Paris,*
1786, in-12, 5 vol., bas.

578. T. Livii Patavini historiæ ab urbe condita libri qui supersunt, recensuit et notis illustravit J. B. Crevier. *Parisiis,*
1747, in-12, 6 vol., les tom. 1 et 2, mar. v., fil., tr. dor.,
les tom. 5 à 6, v. j. (*D'Aguesseau.*)

579. L. Annæus Florus cum notis Joh. Minellii. *Rotterod.,
Leers*, 1698, pet. in-12, v. br. (*D'Aguesseau.*) — C. Sal-
lustius Crispus cum commentariis Jo. Minellii. *Roterod.,
Leers*, 1693, pet. in-12, v. j. (*D'Aguesseau.*) — C. Julii
Cæsaris et A. Hirtii de rebus à C. Jul. Cæsare gestis commentarii, cum C. J. Cæsaris fragmentis. *Londini, Tonson,*
1749, in-12, v. j.

580. Appiani Alexandrini Rom. historiæ, gr. et lat. *Genevæ,
H. Stephanus*, 1592, in-fol., v. br. (*D'Aguesseau.*)

581. Polybius, gr. et lat., curante Is. Casaubono. *Parisiis,*
1609, in-fol., lavé, réglé, v. br., fil.

582. Histoire de Polybe, trad. du grec par D. Vincent Thuil-
lier, avec un commentaire par Folard. *Paris*, 1727, in-4,
fig., 6 vol., v. m.

583. Histoire de la république romaine, par Salluste, en partie trad. sur l'original, en partie rétablie sur les fragmens
restés de ses livres perdus, remis en ordre (par Debrosses).
Dijon, 1777, in-4, gr. pap., 5 vol., v. m.

373	1	"	Durand
374	5	2?	Laroque A.
4 bis	16	50	Labitte
5	10	50	
6	4	"	Durand
7	1	.	[illegible]
8	2	50	Durand
9	2	80	Lefevre
380	4	"	abris
381	10	"	[illegible]
382	35	"	Labitte
383	8	40	id

38/4	14	„	Crozier
5	7	„	Laroque A
6	16	„	Crozier
7	3	50	durand
8	8	„	Latille
9	1	„	Durand
390	4	„	Lefin
1	12	„	Martin (Leclerc)
2	28	50	Loup
3	3	50	Martin (Ladronne)

584. Histoire des empereurs romains, par Crévier. *Paris*,
1749, in-12, 12 vol., v. m.

585. Histoire des empereurs romains depuis Auguste jusqu'à
Constance-Chlore, par Royou. *Paris*, 1808, in-8, 4 vol.,
bas. rac.

586. C. Suetonius Tranquillus cum notis integris variorum,
cur. Petro Burmanno. *Amstel.*, 1736, in-4, 2 vol., v. f., fil.
(*D'Aguesseau.*)

587. Tacite, trad. en franç., avec des notes, par Amelot de la
Houssaye. *Paris*, 1724, in-12, 10 vol., v. m.

588. Dionis Cassii historiæ rom. libri XLVI, Joa. Leunclavii
studio expositi, gr. et lat., cum ejusd. et Rob. Stephani
aliorumque notis. *Hanoviæ*, 1606, in-fol., réglé, v. br.,
fil.

§ II. ARCHÉOLOGIE.

1. ARCHÉOLOGIE GÉNÉRALE, MŒURS ET USAGES, ETC.

589. Pet. Bellonius Cenomanus de admirabili operum antiquorum et rerum suscipiendarum præstantiâ; de medicato
funere, seu cadavere condito.... *Parisiis*, *Cavellat*, 1555,
pet. in-4, v. j., fil. (*Taché.*)—Vetustalia, seu vetustatis ad-
miranda, quibus Fr. Ptolomeus lusit. *Romæ*, 1664, in-8,
v. j.

590. Jo. B. Casalius de profanis et sacris veteribus ritibus
Ægyptiorum, Romanorum et Christianorum. *Francofurti*,
1681, pet. in-4, fig., v. br. — Recherches curieuses d'antiquités, par Spon. *Lyon*, 1685, in-4, fig., v. br.

+ 591. Miscellanea eruditæ antiquitatis in quibus, marmora, statuæ... numismata Grutero, Ursino aliisque ignota referuntur,
curâ Jac. Sponii. *Lugduni*, 1685, in-fol., mar. r., fil., tr.
dor. *Armes du dauphin.* V. Leclere 20

592. Cinq recueils reliés en carton, contenant des planches
représentant les dieux et déesses, les instrumens anciens,
tant de musique que de guerre, les vases, outils, poids, me-
sures, monnoyes, les armes, et en général tout ce qui tient
à l'antiquité. (*Ces planches sont extraites en partie de l'ouvrage
de Montfaucon.*)

+ 593. Joa. Sauberti F. de sacrificiis veterum collectanea histo-
rico-philologica et miscella critiça, *Jenæ*, *Krebsius*, 1659,

in-12, fig., v. br. — Jac. Phil. Thomasini de donariis ac
tabellis votivis liber singularis. *Utini*, 1639, pet. in-4,
fig., v. j.

+ 394. De sacrificiis lib. duo, autore Guil. Outramo. *Londini*,
1677, pet. in-4, v. br. — Alex. Xav. Panelius de Cistopho-
ris. *Lugduni*, 1754, in-4, parch. — Frid. Adolfi Lampe de
Cymbalis veterum lib. tres. *Trajecti ad Rhen.*, 1703, pet.
in-12, fig., v. j.

+ 395. Funerali antichi di diversi popoli et nationi descritti da
Th. Porcacchi, con le figure in rame di Girolamo Porro.
Venetia, 1591, pet. in-fol., v. fil.

396 Funérailles et diverses manières d'ensevelir des Romains,
Grecs et autres nations, tant anciennes que modernes, décrites par Cl. Guichard. *Lyon, Jean de Tournes*, 1581, pet.
in-4, v. br.

X + 397. Jo. Schefferus de re vehiculari veterum. *Francof.*, 1671,
in-4, fig., vél.

398. Laur. Pignorius de servis. *Patavii*, 1656, in-4, fig., v.
j., fil., tr. dor.

+ 399. De veteri ritu nuptiarum et jure connubiorum B. Bris-
sonius, Ant. et Fr. Hotmanus. *Lugd.-Bat.*, *Hackius*, 1641,
pet. in-12, vél. — Jac. Gutherius de jure manium seu de
ritu, more et legibus prisci funeris. *Lipsiæ*, 1671, in-12,
v. br.

X + 400. De carcere et antiquo ejus usu, autore Ant. Bombardino.
Patavii, *typis Sem.*, 1713, in-8, v. br. — Gasp. Sagittarius
de januis veterum. *Altenburgi*, 1672, in-12, v., fil.

+ 401. Jo. Guill. Stuckii operum tomi duo antiquitates convi-
viales et sacra sacrificiaque gentilium illustrantes. *Lugd.-
Bat.*, 1695, in-fol., v. j. (*D'Aguesseau.*)

+ 402. De annulis antiquis liber singularis, autore Fortunio
Liceto. *Utini*, 1645, pet. in-4, parch. — Jo. Mich. Heinec-
cii syntagma historicum de veteribus Germanorum aliorumque nationum sigillis. *Francofurti*, 1709, in-fol., fig.,
v. br. — Jac. Phil. Tomasini de tesseris hospitalitatis liber
singularis. *Amst.*, 1670, pet. in-12, v. f.

403. Edv. Bernardi de mensuris et ponderibus antiquis, libri III. *Oxoniæ, è theat. Sheld.*, 1688, in-8, v. br. (*D'A-
guesseau.*) — Jo. Fred. Gronovii de sestertiis libri IV.....
Lugd.-Bat., 1691, in-4, v. j. — De re pecuniaria antiquâ,
sestertio, talentis, ponderibus, mensuris, stipendiis..., aut.

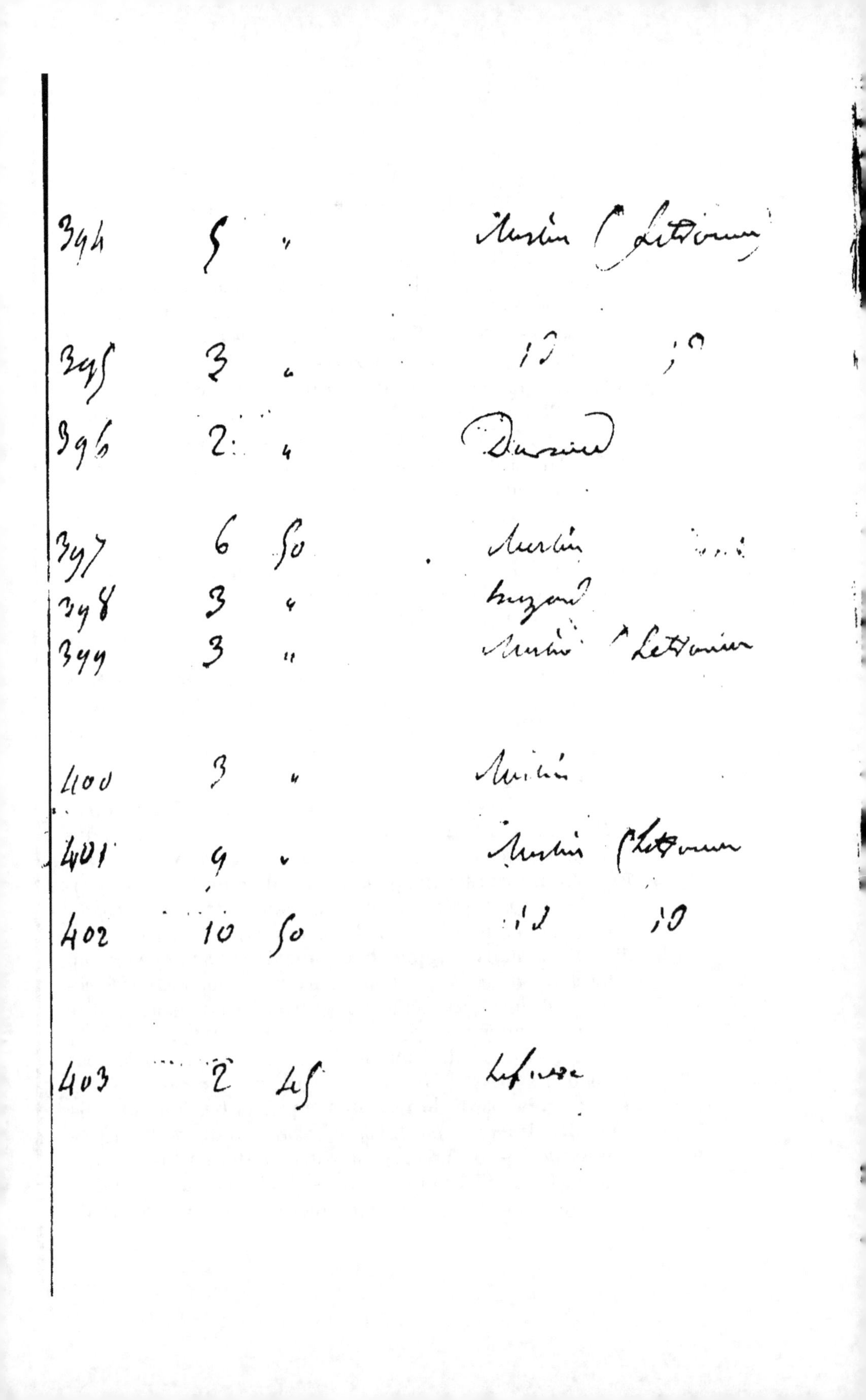

394	5	"	Martin [illegible]
395	3	"	[illegible]
396	2	"	[illegible]
397	6	50	Martin [illegible]
398	3	"	[illegible]
399	3	"	Martin [illegible]
400	3	"	Martin
401	9	"	Martin [illegible]
402	10	50	[illegible]
403	2	45	[illegible]

404	6	.	Martin, [illegible]
405	7	50	Martin
406	3	[illegible]	Leber
407	1	[illegible]	Lefum
408	1	50	Lefum
409	2	75	
410	1	50	
411	4	05	
412	2	60	Gros

Leonardo Porcio Vicentino. *Coloniæ*, *Mameranus*, 1541,
in-8, v. f.

404. Anselmus Solerius de Pileo cæterisque capitis tegminibus
tàm sacris quàm profanis. *Amst.*, 1672, pet. in-12, fig.,
v. f. — Hier. Bossii de togâ romanâ commentarius, accedit
ex Phil. Rubenio iconismus statuæ togatæ. *Amst.*, 1671, pet.
in-12, fig., v. f. — Jo. B. Donii dissertatio de utraque pænula. *Parisiis*, 1644, pet. in-12, br. rog. — B. Bartholini
Casp. f. commentarius de pænula... *Hafniæ*, 1655, pet.
in-12, br. rog. — B. Balduinus de Calceo antiquo et Jul.
Nigronus de caligâ veterum, præfatus est Christ. Gottl. Joe-
cherus. *Lipsiæ*, 1733, in-12, fig., v. f.

405. Andreas Senftlebius de aleâ veterum. *Lipsiæ*, *Fuhrmann*,
1667, in-12, v. gr., fil. — Dan. Souterii Palamedes, sive de
tabula lusoria, alea et variis ludis, libri III. *Lugd.-Bat.*,
Elzev., 1622, pet. in-8, d.-rel. *Letronne · l. a 5.*

406. De ludis orientalibus libri duo, viz historia shahiludii,
lat.; eadem hebr. lat. per tres judæos... congessit Th. Hyde.
Oxonii, 1694, pet. in-8, fig., v. br.

407. Pet. Petiti de Amazonibus dissertatio. *Lutetiæ-Paris.*,
Cramoisy, 1685, in-12, fig., v. br.

408. Traité historique sur les Amazones, trad. de l'ouvrage
de Pierre Petit. *Leyde*, 1718, in-12, fig., 2 vol., v. m., fil.

2. ARCHÉOLOGIE ROMAINE. — ARCHÉOLOGIE MONUMENTALE ET ARTISTIQUE.

409. Joa. Rosini antiquitatum romanarum corpus absolutis-
simum, cum notis Th. Dempsteri, accurante Corn. Schre-
velio. *Lugd.-Bat.*, 1663, in-4, v. br.

410. Introduction à la connoissance des antiquités romaines,
par Louis Vaslet. *La Haye*, 1723, in-12, v. porph., fil. —
Marci Zuerii Boxhornii quæstiones romanæ; accedunt Plu-
tarchi quæstiones romanæ, gr. et lat., cum ejusd. Boxhornii comment. *Lugd.-Bat.*, 1657, pet. in-4, parch.

411. Traité des antiquités de Rome et de ce qui s'y trouve
aujourd'huy de plus remarquable pour l'antique et le moderne, avec l'explication des bas-reliefs et inscriptions....
ouvrage écrit en italien et en françois, par J. P. Pinareli.
Rome, 1725, pet. in-12, fig., 5 vol., vél.

412. Histoire des grands chemins de l'empire rômain, par N.
Bergier. *Paris*, *Morel*, 1622, in-4, v., fil. *l. a 5.*

† 413. Justi Lipsii de militiâ romanâ lib. V. Commentarius ad Polybium... *Antuerpiæ*, 1596, in-4, fig., v. m. — Vesalius Mobachius de triumpho romano. *Alcmariæ*, 1681, in-12, v. br. — Justi Rycquii de Capitolio Romano commentarius. *Lugd.-Bat.*, 1669, pet. in-12, fig., v. br. — J. Cæs. Bulengeri, liber de spoliis bellicis, trophæis, arcubus triumphalibus et pompa triumphali ; accessit liber Onuphrius Panvinus de triumpho et ludis circensibus. *Parisiis*, *Macæus*, 1601, pet. in-8, d.-rel. *Letronne*

† 414. Onuphrii Panvinii de ludis circensibus libri II, de triumphis lib. I. *Venetiis*, 1600, in-fol., fig., vél. *Letronne*

415. Le maschere sceniche e le figure comiche d'antichi Romani descritte da Fr. de' Ficoroni. *Roma, Ant. de' Rossi*, 1736, in-4, fig., v. f.

416. Recherches sur les ruines d'Herculanum, avec un traité de la fabrique des mosaïques, par Fougeroux de Bondaroy. *Paris, Desaint*, 1770, in-12, v. f. — Description d'un monument découvert à Reims en 1728 (par Levesque de Pouilly). *Reims*, 1749, in-12, fig., br.

† 416 bis. Un volume in-8, d.-rel., contenant diverses pièces, dont : Description de deux monumens antiques qui subsistent près la ville de Saint-Remy en Provence, par Lamy. *Paris*, 1779. = Mémoire dans lequel on prouve que les Chinois sont une colonie égyptienne, par de Guignes. *Paris*, 1759. = Dissertation sur un trépié antique, par de Peiresc, etc., etc. *Lejeunet 3.50*

417. Jac. A. Mellen historiæ urnæ sepulcralis Sarmaticæ anno 1674 repertæ. *Jenæ*, 1679, pet. in-4, fig., parch.

418. De l'usage des statues chez les anciens (par de Guasco). *Bruxelles*, 1768, in-4, fig., v. m.

419. Emundi Figrelii de statuis illustrium Romanorum liber, Jo. Schefferi de antiquorum torquibus syntagma. *Holmiæ*, 1656, pet. in-8, v. j. — Blasii Caryophili opuscula de marmoribus antiquis et Paschalis Caryophili dissertationes de thermis Herculanis et thermarum usu. *Traj. ad Rhen.*, 1742, in-4, v. f.

† 420. Explication d'une inscription antique trouvée à Lyon, où sont décrites les particularités des sacrifices que les anciens appelloient tauroboles (publ. par M. de Boze). *Paris, Cot*, 1705, in-8, fig., v. br. *Huz. 3*

† 421. Alexii Symmachi Mazochii in mutilum campani amphi-

413	6	"	Mustin (Lethomme)
414	9	"	
415	4	"	Cauflette
416 } 416 64 }	4	15	Lainé
417	2	of	Lefure
418	3	80	Defloremme
419	1	60	
420	2	"	Luzard
421	3	"	Mustin (Lethomme)

422	7	50	Porquet
423	38	"	Dubois
424	24	"	Martin (Lafarrière)
425	41	50	Croquet
426	5	50	Defforenne
427	1	"	V.
428	6	"	Julien
429	1	60	Lefure
430	14	50	Defforenne
431	3	20	Lenain
432	116	"	Martin (Lafarrière)

theatri titulum aliasque nonnullas campanas inscriptiones commentarius. *Neapoli*, 1727, in-4, parch. *Letroune*

422. Recueil de pierres gravées antiques. *Paris*, *Mariette*, 1752, in-4, fig., 2 vol., v. br. (*D'Aguesseau.*)

423. Pierres antiques gravées sur lesquelles les graveurs ont mis leurs noms, dessinées et gravées en cuivre, par B. Picart, expliquées par Stosch, et traduites par Limiers. *Amst.*, 1724, in-fol., gr. pap., mar. r., fil., tr. dor.

424. Le gemme antiche figurate di Leonardo Agostini Senese. *Roma*, 1657, in-4, 2 vol., v. f.

> Avec les 4 figures rares du second volume avant les annotations.

425. Description des principales pierres gravées du cabinet du duc d'Orléans (par de Lachau et Leblond). *Paris*, 1780, in-fol., gr. pap., fig., 2 vol. mar. v., fil., tr. dor.

426. Laur. Pignorii mensa isiaca. *Amst.*, 1669, in-4, fig., v. m.

427. Histoire de Ptolomée Auletes, dissertation sur une pierre gravée (par Baudelot). *Paris*, 1698, in-12, v. br.

5. NUMISMATIQUE. — DIPLOMATIQUE.

428. Bibliotheca bibliothecarum. Bibliotheca nummaria, aut. Phil. Labbe. *Parisiis*, *Billaine*, 1664, in-8, v. — Specimen universæ rei nummariæ antiquæ, autore And. Morellio. *Lipsiæ*, *Fritsch*, 1695, in-8, fig., v. j.

429. De monetarum potestate simul et utilitate libellus aureus, aut. G. Biel. *Norimbergæ*, 1542. = Mémoire au roy (sur les médailles). *Manuscrit du dix-septième siècle.* = De la nécessité de l'usage des médailles dans les monoyes (par Racasse). *Paris*, 1611, pet. in-4, vél.

430. Discours sur les medalles et graveures antiques, principalement romaines, par le Pois. *Paris*, *Patisson*, 1579, pet. in-4, fig., lavé, réglé, vél., tr. dor.

431. Histoire des médailles, ou introduction à la connoissance de cette science, par Ch. Patin. *Paris*, 1695, in-12, fig., v. br.

432. Histoire des empereurs romains depuis Jules César jusques à Postumus, avec toutes les médailles d'argent qu'ils ont faict battre de leur temps, dans lesquelles sont représentez leurs portraits au naturel, et leurs plus signalées ac-

tions par les revers d'icelles (par Haultin). *Paris, de Som-
maville*, 1645, pet. in-fol., mar. r., dent., doublé de mar. r.,
dent., tr. dor.

Ce volume, *extrêmement rare*, est composé d'un titre imprimé
et de 201 pl. gravées, contenant chacune 4 médailles, avers et
revers, en 8 cercles égaux; un grand nombre de ces cercles sont
vides; ces planches sont numérotées 1 à 201; les pl. 104 à 114
sont chiffrées à la main. En tête du vol. est le portrait de Haultin.

† 432 *bis*. Histoire abrégée des empereurs romains et grecs, des
impératrices, des césars, des tyrans et des personnes des
familles impériales pour lesquelles on a frappé des médailles, depuis Pompée jusqu'à la prise de Constantinople,
par Beauvais. *Paris*, 1767, in-12, 5 vol., v. f., fil., tr. dor.

† 433. Imperatorum romanorum numismata ab Adolfo Occone
olim congesta, iconibus, notis et additamentis jam illustrata
à Fr. Mediobarbo Birago, curante Phil. Argelato. *Mediolani*,
1730, in-fol., gr. pap., fig., v. j. *(D'Aguesseau.)*

434. Explicacion de unas monedas de oro de emperadores
romanos que se han hallado en el puerto de Guadaraina,
por el doctor Juan de Quinones. *Madrid*, 1620, pet. in-4,
mar. r., fil., tr. dor.

435. Dissertation historique sur les monnoyes antiques d'Espagne, par Mahudel. *Paris*, 1725, in-4, fig., d.-rel.

436. Medallas de las colonias, municipios y pueblos antiguos
de Espana, coleccion de las que se hallan en diversos autores
y de otras nunca publicadas, con explicacion de cada una,
por Fr. Henriquez. *Madrid*, 1757, in-4, fig., 2 vol., v. éc.,
fil., tr. dor.

437. Museo de las medallas desconocidas Espanolas, publi-
calas D. Vinc. Juan de Lastanosa. *Huesca*, 1645, pet. in-4,
fig., parch.

438. Historia Ptolemæorum Ægypti regum ad fidem numismatum accomodata per J. Vaillant. *Amst.*, *Gallet*, 1701,
in-fol., fig., v. f.

† 439. Recherches curieuses des monnoyes de France, depuis le
commencement de la monarchie, par Claude de Bouteroüe.
Paris, 1666, in-fol., mar. bleu, fil., tr. dor. *Gr. pap.*

† 440. Recueil général des pièces obsidionales et de nécessité,
etc., par Tobiesen Duby. *Paris*, 1786, gr. in-4, mar. r.,
fil., tr. dor., doublé de tabis.

440 *bis*. Monnoies des comtes de Provence. Monnoies qui ont eu
cours en Provence sous les comtes; médailles et jetons frap-

432 bis	19	"	Caufette
433	21	"	Martin (Bigaut)
434	6	"	Debure
435	9	"	
436	17	50	Caufette
437	7	75	Debure
438	5	75	Caufette
439	100	"	caufette
440	27	50	Martin
440 bis	7	20	Lami

441	2	80	
442	35	"	Cretaine
443	18	"	Grandmange
444	1	"	Lefevre
445	1	50	grandmange
446	18	50	Crozier
447	3	50	V
448	14	50	Crozier
449	20	50	Canny

pés en Provence (par M. de Saint-Vincens). 1770, in-4,
fig., d.-rel.

441. Istoria diplomatica che serve d'introduzione all' arte cri-
tica in tal materia (da Scip. Maffei). *Mantova*, 1727, in-4,
fig., v. f. (*D'Aguesseau.*)

442. De re diplomaticâ lib. VI studio Jo. Mabillon. *Parisiis*,
1681, gr. in-fol., fig., v. br.—De re diplomaticâ suplemen-
tum. *Parisiis*, 1704, gr. in-fol., fig., v. br. (*D'Aguesseau.*)

443. Dan. Eberh. Baringii clavis diplomatica ab auctore recognita, emendata ac locupletata. *Hanoveræ*, 1754, in-4,
fig., mar. r., fil., tr. dor.

444. B. Germon de veteribus regum Francorum diplomatibus
disceptationes duæ. *Parisiis*, 1703 et 1706, in-12, 2 vol.,
v. br. — Dominici Lazzarini ex nobilibus de Murro epistola
pro vindiciis antiquorum diplomatum Justi Fontanini foro-
juliensis. *Romæ*, 1706. = Ecclesia parisina vindicata
adversus B. Germon duas disceptationes de antiq. regum
Francorum diplomatibus. *Parisiis*, 1706, pet. in-8, v. m.

445. Ecclesia parisiensis vindicata adversus P. Barth. Germon duas disceptationes de antiquis regum francorum diplomatibus (autore Th. Ruinart). *Parisiis*, 1706.=Vindi-
ciæ manuscriptorum codicum a P. Germon impugnatorum
aut. P. Constant. *Ibid.*, 1706, in-8, mar. r., fil., tr. dor.
(*D'Aguesseau.*)

> On a joint dans ce volume : M. Ant. Gatti epistola pro vindiciis
> antiquorum diplomatum Justi Fontanini forojul. *Amst.*, 1707, pet.
> in-8.

IV. HISTOIRE DU MOYEN-AGE. — HISTOIRE
CHEVALERESQUE.

446. Histoire ancienne des peuples de l'Europe, par le comte
de Buat. *Paris*, 1772, in-12, 12 vol., v. m.

447. Les origines, ou l'ancien gouvernement de la France, de
l'Allemagne et de l'Italie (par de Buat). *La Haye*, 1757,
in-12, 4 vol., bas. m.

448. Histoire des Celtes, et particulièrement des Gaulois et
des Germains, depuis les temps fabuleux jusqu'à la prise
de Rome par les Gaulois, par Simon Pelloutier, revue par
de Chiniac. *Paris*, 1770, in-12, 8 vol., v. m.

449. Histoire des Gaules et des conquêtes des Gaulois depuis

leur origine jusqu'à la fondation de la monarchie, par D.
Jacq. Martin et D. J. F. de Brezillac. *Paris,* 1752, in-4, 2 vol.,
v. m. *(D'Aguesseau.)*

450. Galliæ antiquitates quædam selectæ atque in plures epis-
tolas distributæ (aut. Maffeo). *Parisiis,* 1755, in-4, mar. r.,
fil., tr. dor.

451. P. Rami liber de moribus veterum Gallorum. *Parisiis,*
1562, in-8, v. j.

> Avec notes marginales de la main de La Popelinière.

452. Éclaircissemens historiques sur les origines celtiques et
gauloises, par D*** (D. Jacq. Martin). *Paris,* 1744, in-12,
v. m.

455. Le réveil de Chyndonax, prince des Vacies, druides
celtiques, dijonois..., par J. G. (J. Guénebaud). *Dijon,*
1621, pet. in-4, fig., v. porph., fil.

454. Joan. d'Hollanderii, de nobilitate liber prodromus. *Antuerpiæ,* 1621, pet. in-4, parch. — Disputatio de nobilitate, propugnante Georg. Joach. Tradel. *Genevæ,* 1628, in-4,
parch. *(D'Aguesseau.)*

455. Traité de la noblesse et de ses différentes espèces, par
G. Andr. de La Roque. *Paris,* 1678, in-4, v. br.

456. La noblesse considérée sous ses divers rapports dans les
assemblées générales et particulières de la nation, par Ché-
rin. *Paris,* 1788, in-8, d.-rel.— Remarques sur la noblesse,
par Maugard. *Paris,* 1788, in-8, d.-rel.— Lettre à M. Ché-
rin sur son Abrégé chronologique d'édits, etc., concernant
le fait de noblesse, par Maugard. *Paris,* 1688, in-8, d.-rel.
— Mémoires sur les rangs et les honneurs de la cour. In-8,
v. porph., fil.

457. Dictionnaire des ennoblissemens, ou recueil des lettres
de noblesse, etc. *Paris,* 1788, in-8, 2 tom. en 1 vol., d.-rel.

458. Traité historique et moral du blason, par J. B. Dupuy
Demportes. *Paris,* 1754, in-12, 2 vol., v. m., tr. dor.
(Pap. fort.)

459. Gouverneurs, capitaines, lieutenans-généraux, prévosts
des marchands, échevins, procureurs du roy, greffiers, re-
ceveurs, conseillers, quartiniers, de la ville de Paris, avec
les blasons coloriés et une table alphabétique, par Che-
villard. 1 vol. gr. in-fol., v. f.

460. Histoire héroïque universelle de la noblesse de Provence
(par Artefeuille). *Avignon,* 1757, in-4, fig., 2 vol., v. m.

450	4	4	Crozet
451	5	u	id.
452	2	50	Barrois
453	3	50	Camus
454	1	20	Tabouret
455	1	45	f
456	2	50	Tabouret
457	1	95	id
458	3	45	Crozet
459	7	..	Martin
	12	90	Laurie

461	4	9	Bois
2 64	2	6	id
2	6	9	Grandmenge
3	6	"	Barrois
4	10	"	Crozet
5	2	"	Grandmenge
6	12	"	Martin (Jacq)
7	2	"	Crozet
468	20	"	Vorgues
9	10	"	Cauyette

461. The British compendium or rudiments of honour. *London*, 1723, in-16, fig., 3 vol., v. br., fil.

461 *bis*. Histoire des chevaliers hospitaliers de Saint-Jean-de-Jérusalem, appellés depuis chevaliers de Rhodes, et aujourd'huy chevaliers de Malthe, par l'abbé de Vertot. *Paris*, 1757, in-12, 5 vol., v. br.

462. Histoire des ordres royaux hospitaliers militaires de Notre-Dame-du-Mont-Carmel et de Saint-Lazare-de-Jérusalem, par Gauthier de Sibert. *Paris, I. R.*, 1772, in-4, mar. r., fil., tr. dor.

V. HISTOIRE MODERNE.

§ I. HISTOIRE GÉNÉRALE.

463. Esprit des usages et des coutumes des différens peuples (par Demeunier). *Paris*, 1785, in-8, 3 vol., v. gr., fil.

464. Histoire des inaugurations des rois, empereurs, et autres souverains, par dom Bévy. *Paris, Moutard*, 1776, in-8, fig., mar. r., dent., tr. dor.

465. Introduction à l'histoire générale et politique de l'univers, par Puffendorf, complétée et continuée jusqu'en 1743 par Bruzen de la Martinière. *Amst.*, 1743, in-12, 10 vol., v. br.

466. Lettres du cardinal d'Ossat, avec des notes historiques d'Amelot de la Houssaye. *Amst.*, 1708, in-12, 5 vol., v. f.

467. Mémoires du B. de Pollnitz, contenant les observations qu'il a faites dans ses voyages et le caractère des personnes qui composent les principales cours de l'Europe. *Londres*, 1741, in-12, 5 vol., v. m.

§ II. EUROPE.

1. HISTOIRE DE FRANCE.

468. Nouvel abrégé chronologique de l'histoire de France (par Hénault). *Paris*, 1752, in-4, fig. et portr., mar. rouge, fil., tr. dor.

469. Description historique et géographique de la France ancienne et moderne, par l'abbé de Longuerue. *Paris*, 1722, in-fol., gr. pap., cartes de D'Anville, v. br.

470. Antiquitez et recherches de la grandeur et majesté des roys de France (par André du Chesne). *Paris*, 1609, pet. in-8, v. br.

471. Origines des dignitez et magistrats de France, recueillies par Claude Fauchet. *Paris, Perier*, 1600, pet. in-8, v. j.

472. Traictez des premiers officiers de la couronne de France, soubz nos roys de la 1, 2 et 5 lignées, par And. Favyn. *Paris*, 1615, pet. in-8, v. rac.

473. Histoire des dignitez honoraires de France, par de S.-Lazare. *Paris*, 1655, pet. in-8. v. br.

474. De sanctis Franciæ cancellariis syntagma historicum, Fr. Lanovius recensuit et notis substrinxit. *Parisiis*, 1654, pet. in-4, parch.

475. Le grand aulmosnier de France, par Séb. Roulliard. *Paris, Douceur*, 1607, pet. in-8, v. m.

476. Histoire de la milice françoise, par le P. Daniel. *Paris*, 1728, in-4, gr. pap., fig., 2 vol., v. m.

477. Chronologie des estats généraux où le tiers-estat est compris depuis l'an 1615 jusques à 422, par Savaron. *Caen*, 1788, in-8, d.-rel.

478. Cérémonial du sacre des rois de France. *Paris*, 1775, in-12, v. m. — Cérémonial de l'empire français, par L. I. P. *Paris*, 1805, in-8, fig., br.

479. Papirii Massoni annales. *Lutetiæ, Chesneau*, 1577, in-4, vél. — Fr. Hotomani Franco-gallia. *Ex offic. Joh. Bertulphi*. 1576. ═ Matagonis de Matagonibus monitoriale adversus Italogalliam sive antifrancogalliam Ant. Matharelli. 1578. ═ Stzigilis Papirii Massoni, sive remediale charitativum contra rabiosam frenesim Papirii Massoni jesuitæ excucullati, per Matagonidem de Matagonibus. 1578, pat. in-8, v. j.

480. Le premier (2, 5 et 4) volume de Froissart des chroniques de France, d'Angleterre, d'Escoce, d'Espaigne... *Paris, Ant. Verard*, 1518, pet. in-fol., goth., 4 tom. en 5 vol., v. br. (*D'Aguesseau.*)

Voyez aussi aux manuscrits, n° 652.

481. Fleur de la maison de Charlemagne, qui est la continuation des antiquités françoises, contenant les faits de Pépin et de ses successeurs, depuis 751 jusqu'en 840 de J. C., recueillie par Fauchet. *Paris*, 1601, pet. in-8, v. j.

482. Déclin de la maison de Charlemagne, contenant les faits de Charles-le-Chauve, depuis 840 jusqu'en 987 de J. C.,

470	5	50	crozier
1	1	50	[illegible]
2	1	50	Lefer
3	1	50	Dumoulin
4	1	,	Durand
5	L	50	Lefer
6	19	50	crozier
7	2	40	Dumoulin
8	2	50	Julien
9	2	50	crozier
480	43	,	Rentu
1	2	95	Carny
2	2	40	[illegible]
475 double	1	45	Durand

483	11	So	Frazer
484	27	So	Crozier
5	3	of	iD
6	3	"	Lefevre
7	1	ff	
8	29	"	Martin (Clary
9	2	ff	th. Leclerc
490	29	So	auvray
490 bis	1	"	Lefevre
491	12	"	Crozier
492	5	So	Martin
488 double	3	"	

et entrée du règne de Hugues Capet, par Cl. Fauchet. *Paris*, 1602, pet. in-8, v. br.

483. Histoire de la maison de Bourbon, par M. Desormeaux. *Paris, impr. royale*, 1772, in-4, 5 vol., v. éc., fil., tr. dor.

484. Les mémoires de Philippe de Comines, avec des notes par de Godefroy. *Brusselles*, 1723, in-8, 5 vol., v. br. (*D'Aguesseau.*)

485. Histoire du roy Loys douziesme, par Claude de Seissel. *Paris*, 1587, in-8, lavé, réglé, mar. bl., dent., tr. dor., ornemens orientaux.

486. Histoire mémorable des grands troubles de ce royaume sous le roy Charles VII, par M. Alain Chartier. *Nevers, Roussin*, 1594, in-4, mar. r.

487. Le trespas et obseques de François I*er*, roi de France, avec les deux sermons funèbres prononcés es-dictes obseques. *Paris, Robert Estienne*, 1547, in-4, v. br. (Gâté.)

488. Commentaires de l'estat de la religion et république soubs les rois Henry et François II et Charles IX. 1565, pet. in-8, mar. r., tr. dor.

489. Histoire de Henri III, roi de France et de Pologne. *Paris*, 1788, in-8, d.-rel. — Recueil de diverses pièces servant à l'histoire de Henry III. *Cologne, P. du Marteau*, 1663, pet. in-12, v. br. (Taché.)

490. Un vol. in-fol., v. f., contenant 218 estampes anciennes, partie coloriées, représentant les troubles et massacres pour cause de religion, à commencer de 1559, et les guerres de Flandres sous la domination espagnole. Les explications sont en flamand; plusieurs en ont la traduction en français.

490 *bis*, Discours et rapport véritable de la conférence tenue entre les députez du duc de Mayenne avec les députez estants du party du roy de Navarre. *Paris*, 1593, pet. in-8, v. j.

491. Mémoires de Sully, mis en ordre avec des remarques par D. L. D. L. (de l'Écluse). *Londres*, 1745, in-12, 8 vol., v. f. — Observations sur cette édition, 1 vol. — Supplément aux mémoires de Sully. *Amst.*, 1762, 1 vol. Ces 2 vol. in-12, br. (*D'Aguesseau.*)

492. Déclaration du roy pour l'exécution de son édict du mois de juillet 1585, touchant la réunion de ses subjets à l'église catholique, apostolique et romaine, publiée en la cour de parlement le 23 avril 1587. *Paris*, 1587. — L'avant-courrier du Guidon françois, avec le Qu'as-tu veu de la cour. 1620. — Épistre d'Ovide, mise nouvellement en françois, pour

servir de factum à une cause pendante à la cour du parlement. 1622. — Discours de ce qui s'est passé le mercredy dernier de juin 1595, entre monseigneur le duc de Mayenne et monseigneur le président le Maitre. *Melun, 1595.*—Escrit envoyé par MM. les députez des princes et seigneurs catholiques à MM. les députez de Paris, sur le faict de leur conférence, assurant la conversion du roy, et tendant aux moyens d'une bonne paix. 1595. — Exhortation au peuple françois sur la conversion du roy. *Melun*, 1595. — Apologie et défense pour la noblesse françoise sur les derniers troubles advenus en ce royaume. *Melun*, 1595. — Articles accordez pour la trève générale. *Melun*, 1595. — Le catholique réformé. 1621. — Le premier article du cahier général du tiers-estat de France, assemblez à Paris aux Augustins en l'an 1614.—Grands changemens arrivez en Espagne sous le nouveau roi Philippe IIII. *Paris*, 1621. — Edict du roy portant création en tittre d'office des charges de procureur. *Paris*, 1620. — Cérémonies observées en la conversion du roy. *Melun*, 1595.—Discours d'estat sur la blessure du roy. *Paris*, 1595. — L'exil et passeport des jésuites. — Déclaration du roy pour la continuation de la chambre de parlement séant à Chaalons durant le temps des vacations 1595. — Lettre des députez des princes et seigneurs estans près la personne du roy aux députez du duc de Mayenne. — Les pompes et magnificences des cérémonies observées à Saint-Pierre de Rome par le pape Grégoire XV. *Paris*, 1662. — Regia majestas sacrosancta interp. Joanno Filesago theologo Parisiensi. *Parisiis*, 1626, in-8, v. gr.

493. Le chevalier françois (avec cette épigraphe : *Galli leonibus terrori sunt*). 1606, in-16, v. j.

494. Remontrance à Messieurs de la cour de parlement sur le parricide commis en la personne du roy Henry-le-Grand. 1610. — Le rameau de verte espine. — Le remerciment des beurrières de Paris au sieur de Courbouzon Montgommery. *Nyort*, 1610. — Censure par la sacrée faculté de théologie de Paris, de la doctrine d'assasiner les roys, contenue au livre intitulé : La responce à l'Anticoton, plus une Analyse ou discours sur la précédente censure par aucuns de la même sacrée faculté de théologie de Paris. 1611.—Epistola M. Arthusii de Cressonnieriis Britonis Galli. 1611.—Déclarations de Henry IV, roi de France et de Navarre, sur les traitez de la paix de Vervins et Lyon, en faveur de la sei-

493   1   "   Lefun
494   3   "   Faget

495	4	"	Fraser
495 bis	1	qs	Crozier
496	30	"	Brunet
497	2	60	crétin
498	4	"	Martin
499	3	40	Frenays
500	1	"	Lefevre

gneurie de Genève. *Genève*, 1611. — Déclaration du séré-
nissime roy de la Grand'-Bretagne sur les actions devers les
estats-généraux des Pays-Bas unis touchant le faict de Con-
radus Worstius. *Londres*, 1612. — Cayer de ceux de l'assemblée de Saumur. 1611. — Le voyage de Mᵉ Guillaume
en l'autre monde vers Henry-le-Grand. *Paris*, 1612. — Dé-
crets du sénat de Venise contre les jésuites au conseil de
Pregadi le 18 d'août 1616 et 15 de mars 1612. In-8,
v. gr.

495. Arrests de la cour de Parlement contre le très meschant
parricide François Ravaillac. *Paris*, 1610.—Advis de maistre Guillaume, nouvellement retourné de l'autre monde,
sur le sujet de l'Anticoton composé par P. D. C., c'est-à-
dire Pierre du Coignet, jadis mort et depuis naguères resus-
cité. 1611.—Anticoton, ou réfutation de la lettre déclara-
toire du père Coton. 1611.—Le Credo des catholiques, en
suite du Pater noster. 1611. — Le Confiteor de Henry-le-
Grand. — Salutation angélique. 1611. — L'Ave Maria des
catholiques avec sa suitte. 1611. — Le Confiteor des catholiques. 1611.—Le bouquet de fleur d'espine, reveu et aug-
menté par l'auteur. 1611. — Lettre de M. de Rosny à la
royne régente. 1611. In-8, v. gr.

495 *bis*. La Navarre en deuil, par de l'Ostal. *Orthez*, 1610,
pet. in-8, v. j.

496. Les mémoires de la reine Marguerite. *Paris*, 1628, in-8,
mar. r., à compart. à petits fers, tr. dor. (*Charmante reliure
ancienne.*)

497. Discours politiques et militaires du S. de la Noue, nouvellement recueillis et mis en lumière. *Basle, Forest*, 1587,
in-8, v. br., fil.

498. Un vol. pet. in-4, mar. r., fil., tr. dor., contenant huit
pièces, dont : G. G. R. Theologi ad Ludovicum XIII admo-
nitio ex gallico in lat. translata, quâ demonstratur Galliam
impium fœdus iniisse contra catholicos... *Augustæ-Franc.*,
1625. ═ Apologeticus pro Ludovico XIII adversus factiosas
admonitionis calumnias in causa principum fœderatorum
(aut. Nic. Rigaltio). *Lutetiæ-Parisiorum*, 1626.

499. Histoire du roy Louis-le-Grand par les médailles, em-
blêmes, devises, jettons, inscriptions, armoiries et autres
monumens, publiés, recueillis et expliqués par le P. Ménestrier. *Paris*, 1689, in-fol., fig., v. br.

500. Le véritable tableau de la France attaquée par les puis-

sances de l'Europe sous Louis XIV. *Cologne*, **P. Marteau**, 1690, pet. in-12, v. porph., fil.

501. Les soupirs de la France esclave qui aspire après la liberté (par Levassor). *Amst.*, 1690, pet. in-4, v. gr., fil. (Sept mémoires.)

502. Le bouclier de la France, ou les sentimens de Gerson et des canonistes touchant les différens des rois de France avec les papes. *Cologne*, 1691. == La fausse clef du cabinet des princes de l'Europe, ou Rome trahie. *Osnabruck*, 1691, pet. in-12, v. f., tr. dor.

503. Annales de la cour et de Paris pour les années 1697 et 1698, par (Sandras de Courtilz). *Amst.*, 1706, in-12, v. br.

504. Médailles du règne de Louis XV, par Godonesche. In-fol., v. m., dent.

505. Mémoires de la régence. *Amst.*, 1749, pet. in-12, 5 vol., v. m.

506. Almanacs royaux, nationaux et impériaux de 1788 à 1819 (moins les années 1791, 92, 96 à 1803), en tout 19 in-8, rel. et br.

507. Dernières années du règne et de la vie de Louis XVI, par Huc. *Paris, I. R.*, 1814, gr. in-8, br. — Éloge de Louis XVI, par Montjoye. *Paris*, 1814, in-8, br. — Éloge historique de Mme Élisabeth de France, suivi de plusieurs lettres de cette princesse, par Ferrand. *Paris*, 1814, in-8, br. — Rapport fait au nom de la commission chargée de l'examen des papiers trouvés chez Robespierre et ses complices, par E. B. Courtois. *Paris*, an III, in-8, d.-rel.

508. Histoire de l'abbaye de Saint-Denis, par D. **Félibien**. *Paris*, 1706, in-fol., fig., v. m.

509. Histoire de l'abbaye de Saint-Germain-des-Prez, par D. Jacq. Bouillart. *Paris*, 1714, in-fol., fig., v. br.

510. Description de l'hôtel royal des Invalides, par Lejeune de Boullencourt. *Paris*, 1785. == L'église royale des Invalives. Recueil d'estampes gravées par Cochin (8 pièces). Gr. in-fol., fig., mar. r., fil., tr. dor.

511. Histoire de l'Orléanois, par le marquis de Luchet. *Paris*, 1766, in-4, v. j. (Tom. 1er)

512. Chronicon urbis Matiscenæ; Ph. Bugnonius concinnavit. *Lugduni, Joan. Tornæsius*, 1559, in-8, v. f., fil., tr. dor. (*Derome.*)

Rarissime; très-bel exemplaire. (*Rive.*)

501 502	2	15	Barrois a.
503	1	20	Coufette
504	2	„	Lefevre
505	2	„	Croix
506	6	55	Joury
507	1	50	Chapel
508	14	50	crozet
509	40	„	thud – Leclere
510	8	60	Lecointre
511	2	„	Dumoulin
512	16	50	crozet

§			
§13	2	„	Dumoulin
§14	1	80	Lefeure
§15	4	50	[illegible]
§16	13	„	Dumoulin
§17	6	„	id
§18	12	„	id
§19	6	10	id
§20	9	„	Lecouturier
§21	5	„	id
§22 } §23 }	1	40	Camus
§24	11	„	Grandmange
§25 } §26 }	2	50	S

513. Traité de la chambre des comptes de Dijon, son antiquité et establissement, ses honneurs, priviléges et préroga-
tives, par Hector Joly. *Dijon*, 1655, in-fol., v. br.

514. Description nouvelle de la cathédrale de Strasbourg et de
sa tour, par Jos. Schweigheuser. *Strasbourg*, 1780, in-12,
fig., v. gr., fil.

515. Description historique, géographique et topographique
de la Provence ancienne et moderne, par Achard. *Aix*,
1787, in-4, d.-rel. (*Tome 1er et unique.*)

516. Histoire et chronique de Provence, de César de Nostra-
damus. *Lyon*, 1614, in-fol., parch. vert. (*D'Aguesseau.*)

517. Abrégé de l'histoire de Provence, contenant plusieurs
mémoires qui ont été inconnus aux auteurs qui ont écrit de
l'histoire de ce pays, par P. Louvet. *Aix*, 1676, pet. in-12,
2 vol., v. m.

518. Histoire de Provence, par J. François de Gaufridi. *Aix*,
1694, in-fol., 2 vol., v. br. (*D'Aguesseau.*)

519. Histoire des comtes de Provence, par Ant. de Ruffi. *Aix*,
1655, in-fol., v. br.

520. Dissertation sur la fondation de la ville de Marseille, sur
l'histoire des rois du Bosphore Cimmérien, et sur Lesbonax,
philosophe de Mytilène. *Paris*, 1744, in-12, v. j. (*D'Aguesseau.*) — Histoire de la dernière peste de Marseille, Aix,
Arles et Toulon. *Paris, Dumesnil*, 1752, in-12, v. m.

521. Historia Tutelensis, auct. Steph. Baluzio. *Parisiis, typ.
R.*, 1717, in-4, fig., v. m.

2. HISTOIRE DES AUTRES ÉTATS EUROPÉENS.

522 Dictionnaire géographique, historique et politique de la
Suisse (par d'Faubonne). *Genève*, 1777, in-8, 2 vol., d.-rel.

523. Description des glacières, glaciers et amas de glaces du
duché de Savoye, par Bourrit. *Genève*, 1773. = Description des aspects du Mont-Blanc du côté de la vallée d'Aost.
Lausanne, 1776, in-8, fig., d.-rel.

524. Istoria d'Italia di Fr. Guicciardini. *Venezia*, 1738,
in-fol., gr. pap. 2 vol., v. m.

525. Poggii historia Florentina nunc primum in lucem edita,
notisque et autoris vitâ illustrata, ab J. B. Recanato. *Venetiis*, 1715, in-4, v. j. (*D'Aguesseau.*)

526. Guida per osservare le rarità e bellezze di Firenze. *Firenze*,

1805, in-12, br. rog. — Forestiero illuminato, intorno le
cose più rare e curiose di Venezia. *Venezia*, 1784, pet. in-8,
fig., rel. en carton.

527. Della ss. basilica di S. Pietro in Vaticano libri due.
Roma, 1750, pet. in-8, v. m. (*D'Aguesseau.*)

528. Histoire des rois des Deux-Siciles de la maison de France,
par d'Égly. *Paris*, 1741, in-12, 4 vol., v. m.

529. Nonii Hispania. *Antuerpiæ*, 1607, in-12, v. br.

530. Histoire des révolutions d'Espagne (par Dupin et de Vay-
rat). *Paris*, 1724, in-12, 5 vol., v. br. (*D'Aguesseau.*)

531. Histoire de la conqueste d'Espagne par les Mores, composée en arabe par Abulcacim Tariff Abentariq, mise en espagnol, par Michel de Luna, etc. (et en franç., par Leroux).
Paris, 1680, in-12, 2 vol., v. br.

532. Histoire du règne de Charles-Quint, trad. de l'anglais de
Robertson (par Suard). *Paris*, 1771, in-12, 6 vol., v. m.

533. Tableau de l'Espagne moderne, par Fr. Bourgoing. *Paris*, 1807, in-8, 5 vol., bas. rac., fil., et atlas in-4, d.-rel.

534. Histoire de la guerre de Flandre de Famien Strada, trad.
par P. du Ryer. *Bruxelles, Foppens*, 1706, in-12, fig.,
5 vol., v. br.

535. Historiæ Britannicæ, Saxonicæ, Anglo-danicæ scriptores
XV, ex vetustis codd. mss. editi, operâ Th. Gale. *Oxoniæ,
è Th. Sheld.*, 1687 et 1691, in-fol., 2 vol., v. br.

536. De Anglorum gentis origine disceptatio, autore Rob.
Sheringhamo. *Cantabrigiæ*, 1670, in-8, v. br.

537. Rerum anglicarum scriptores (studio T. Hyde). *Oxonii,
è Th. Sheld.*, 1684, in-fol., v. br. (*Tom. 1er et unique.*)

538. Histoire des progrès de la puissance navale de l'Angleterre, par de Sainte-Croix. *Paris*, 1786, in-12, 2 vol., v.
f., fil., tr. dor.

539. Divino implorato præsidio...... et ad instantiam D. ex-
cusatoris... Regis Angliæ, nos Sigismondus Dondolus de
Pistorio advocatus consistorialis minimus et Michael de Con-
radis de Tuderto utriusque juris doctor, præsidente summo
Pontifice cum suo sacrosancto senatu infra scriptas conclu-
siones sigillatim ac singulariter defensare conabimur.......
In-4, parch.

> Cet ouvrage, sans lieu ni date, mais imprimé en Italie dans le
> temps même, est l'édition originale des plaidoyers, défenses et
> actes en faveur d'Henri VIII dans l'affaire du divorce de ce prince.

540. Flagellum or the life and death birth, and burial of Ol.-

27 }	2	80	Merlin (Blaise)
28 }			
29	1	"	Martin (Jacq)
30	8	"	Borguet
31	2	9f	
32	2	"	Bois
33	4	40	Laroquemaure
34	2	30	Jouy
35	71	50	Crozet (avec 37)
36	2	"	Dumoulin
37			avec 35
38	2	9f	Grandmery)
39	16	50	Crozet
40	3	30	

§41	7	25	
§42	15	„	Grandgrange Lubot
§43	3	55	
§44	1	„	

§45			
§46	3	50	Grandmange Crozet
§47	2	95	
§48	1	45	
§49 avec §45	1	40	

70
„ 672

| §50 | 3 | „ | Martin (Lejurette) Canuy |
| §50 64 | 5 | „ | |

| §51 | 5 | 95 | Lubette |

ver Cromwel, by Ja. Heath. *London*, 1669, in-12, bas.
— The perfect politician, or a full view of the life and actions
of O. Cromwel. *London*, 1680, pet. in-8, bas.

541. Londres (par Grosley). *Lausanne*, 1774, in-12, 4 vol.,
v. m. — L'Angleterre au commencement du 19ᵉ siècle, par
M. de Lévis. *Paris*, 1814, in-8, br.

542. Histoire générale d'Allemagne, par le P. Barre. *Paris*,
1748, in-4, 11 vol., v. m.

543. Vie de Frédéric II, roi de Prusse. *Strasbourg*, 1788,
in-8, 4 vol. et atlas in-4, v. gr., fil.

544. Histoire secrète de la cour de Berlin, ou Correspondance
d'un voyageur françois (Mirabeau), depuis le mois de juillet
1786 jusqu'au 19 janvier 1787; in-8, 2 vol., d.-rel. —
Tableau des guerres de Frédéric-le-Grand, ouvrage qui peut
servir à l'intelligence de la partie militaire de la vie de Frédéric II. *Potzdam*, 1788, in-4, fig., v. gr., fil.

545. Histoire des rois de Pologne et du gouvernement de ce
royaume, par M. Massuet. *Amst.*, 1733, in-12, 5 vol., v, br.

546. Austria ex archivis mellicensibus illustrata ed. Philib.
Hueber. *Lipsiæ*, 1722, in-fol., v, m. (*D'Aguesseau.*)

547. Abrégé chronologique de l'histoire ottomane, par de la
Croix. *Paris*, 1768, pet. in-8, 2 vol., v. m.

548. Histoire de l'empire ottoman (trad. de l'ital. de Sagredo,
par Jacq. Laurent). *Amst.*, 1724, in-12, 6 t. en 5 vol., v. m.

549. Origines et occasus Transsylvanorum, auctore Laur.
Toppeltino de Medgyes. *Lugduni*, 1667, in-12, fig., v. br.
— Histoire des Uscoques (par l'archevêque de Zara), de la
traduction d'Amelot de la Houssaye. *Paris*, *Barbin*, 1682,
in-12, v. br. *Mouillé.* (*D'Aguesseau.*)

§ III. ASIE, AFRIQUE ET AMÉRIQUE.

550. Dissertation sur une colonie égyptienne établie aux Indes,
par Fred. Schmidt. *Berne*, *s. d.*, in-8, v. f., tr. dor. (*Derome.*)

550 *bis*. Jobi Ludolfi aliàs Leut-holf dicti historia Æthiopica.
Francofurti ad Mænum, *Wustius*, 1681, in-fol., non relié.
— Appendix secunda ad historiam æthiopicam Jobi Lu-
dolfi continens dissertationem de locustis anno præterito
immensâ copiâ in Germaniâ visis... *Francof. ad Mæn.*,
Zunnerus, 1614, in-fol., fig., v. m.

551. Mémoires sur l'Égypte ancienne et moderne, par d'Anville. *Paris*, *imp. royale*, 1766, in-4, cartes, v. m., fil.

552. Idée du gouvernement ancien et moderne de l'Égypte, avec la description d'une nouvelle pyramide et des nouvelles remarques sur les mœurs et usages des habitans de ce pays, par L. L. M. (l'Abbé le Mascrier). *Paris,* 1743, in-12, 2 tom. en 1 vol., v. j.

553. Recherches historiques sur les Maures et l'histoire du Maroc, par de Chénier. *Paris,* 1787, in-8, 5 vol., v. j., fil.

554. Historia de la conquista de Mexico por Dan. Ant. de Solis. *Amberes,* 1704, in-fol., fig., v. br. (*D'Aguesseau.*)

555. Commentarios reales que tratan del origen de los Yncas reyes que fueron del Peru por el Ynca Garcilasso de la Vega. *Lisboa, Crasbeck,* 1609, in-fol., 2 vol., parch. vert. (*D'Aguesseau.*)

VI. BIOGRAPHIE.

556. Le grand dictionnaire historique par Moréry. 1718, 5 vol. — Supplément. 1735, 2 vol.—Nouveau supplément. 1749, 2 vol. Les 9 vol., in-fol., v.

557. Dictionnaire historique, par Prosper Marchand. *La Haye,* 1758, in-fol., 2 tom. en 1 vol , v. m.

558. Jo. Papirii Massonis elogia imperatorum regum ac virorum illustrium. *Parisiis,* 1638, in-8 , 2 vol., parch.

559. Les vies des plus illustres philosophes de l'antiquité, avec leurs dogmes, leurs systèmes, leur morale et leurs sentences les plus remarquables, trad. du grec de Diogènes Laerce (par Chaufepied). *Amst., Schneider,* 1761, in-12, 5 vol., v. m.

560. Ger. Joa. Vossii de veterum poetarum temporibus libri duo, qui sunt de poetis græcis et latinis. *Amst., Blaeu,* 1654, pet. in-4, v. br., fil.

561. Vie d'Apollonius de Thyane, par Philostrate, avec les commentaires donnés en anglois, par Charles Blount, trad. en françois (par Castilhon). *Berlin,* 1774, in-12, 4 vol., v. j., fil.

562. La France illustre, ou le Plutarque françois, par Turpin. *Paris,* 1780, in-4, fig., 5 vol. en 59 cah., br.

    Manquent les cahiers 4 et 9 de la 3me souscription.

563. Pauli Colomesii Gallia orientalis sive Gallorum qui linguas orientales excoluerunt vitæ. *Hagæ-Comit.,* 1665, in-4, v. m.

564. Bibliothèque du sieur de la Croix du Maine, qui est un

§§2

§§3   8   u   Crozet
§§4   §   y§   Lubet
§§§   8   u   Martin (quatremère)

§§6   22   u   Tabari
§§7   4   u   Crozet
§§8   2   u   :)
§§9   2   §u   Robin

§60 }
        2   y   Robin
§61 }

§62   7   u   Lubet

§63   2   u   Dumoulin

§64   2   u   Tabari

§65
§66 } 3 60   Crozet .

§67   1 "   Taberie

§68
§69 } 2 "

§70   9 10   Debure

§71   avec §82
§72   60 80   Crozet

catalogue général de toutes sortes d'auteurs qui ont écrit en
françois depuis 500 ans et plus. *Paris*, *Abel Langelier*, 1584,
in-fol., vél.

565. N. de Peyresc vita, authore Petro Gassendo. *Hagæ-Comitum*, 1655. = De vita et moribus Epicuri auth. eodem.
Ibid., 1656, pet. in-4, v. br. (Longue note de Sépher.)

566. La vie de Descartes, par Baillot. *Paris*, 1692, in-12,
v. br. — La vie de J. B. Morin de Ville-Franche, docteur
médecin et professeur royal aux mathém. à Paris. *Paris*,
Hénault, 1660, pet. in-12, v. j., fil. — Histoire critique de
N. Flamel et de Pernelle sa femme, par L. V. (l'abbé Vi-
laire). *Paris*, *Desprez*, 1761, in-12, fig., v. m.

567. Mémoire sur la vie de Pibrac, par L. D. G. (Lépine de
Grainville). *Amsterdam*, 1758, in-12, v. m. (Avec une note
de l'abbé Sépher, éditeur de cet ouvrage.) — Vie d'Edmond
Richer, par Baillet. *Liége*, 1714, in-12, v. (*D'Aguesseau.*)
— Éloge historique du card. Passionéi (par Goujet). *Paris*,
La Haye, 1763, in-12, d.-rel. — Voltaire, recueil des par-
ticularités curieuses de sa vie et de sa mort. *Porrentruy*,
1781, in-8, v. porph., fil.

568. The life of J. Milton (by Toland). *London*, 1669. =
Amyntor, or a defence of Milton's life. *London*, 1699. =
Anglia libera or the limitation and succession of the crown
of England explained, by Toland. *London*, 1701, in-8,
v. br. — Vie de Pierre Aretin, par Boispréaux. *La Haye*
(*Paris*), 1750, pet. in-12, v. f.

569. Bibliotheca romana, seu Romanorum scriptorum cen-
turiæ, authore Prosp. Mandosio. *Romæ*, *Ign. de Lazzaris*,
1682, pet. in-4, v. porph., fil. (*Avec une note autogr. de
l'abbé Rive.*)

570. Historia de Dom Hernando de Avalos marques de Pes-
cara, con los hechos memorables de otros siete Capitanos
Prospero Colona, el Duque de Borbon, Don Carlos Lanox,
Don Hugo de Moncada, Philiberto principe de Orange, An-
tonio de Loyva, y el Marques del Guasto, recopilada por
Valles, con una adicion hecha por Diego de Fuentes donde
se tratta la presa de Africa y assimismo la conquista de Sena
con otras azanas particulares. *Anvers*, *Nutio*, 1570, pet.
in-8, v. j.

571. Henr. Schurzfleischii historia ensiferorum ordinis teu-
tonici Livonorum. *Vitembergæ*, 1701, in-12, v. j. *Rare.*

572. Le vite de' piu eccellenti pittori sculptori, e architetti,

scritta da M. G. Vasari. *Fiorenza, Giunti*, 1568, pet. in-4,
3 vol., mar. r., tr. dor., gravures en bois.
573. Entretiens sur les vies et sur les ouvrages des plus excel-
lens peintres et architectes anciens et modernes, par Félibien.
Paris, 1685 et 1687, in-4, 5 vol., v. f.

VII. HISTOIRE DES SCIENCES ET DES ARTS. — BIBLIOGRAPHIE. — MÉLANGES.

574. De Bailly : Lettres sur l'origine des sciences et sur celle
des peuples de l'Asie. *Paris*, 1777. — Lettres sur l'Atlan-
tide de Platon et sur l'ancienne histoire de l'Asie. *Ibid.*,
1779, 1 vol. Les 2 vol., in-8, v. m.
575. De l'origine des loix, des arts et des sciences (par Goguet).
Paris, 1778, in-12, 6 vol., d.-rel.
576. Histoire de l'astronomie ancienne et moderne, par
Bailly. *Paris, Debure*, 1775 et 1779, in-4, 3 vol., v. m.
577. L'origine des postes chez les anciens et chez les modernes,
par Lequien de la Neufville. *Paris*, 1708, in-12, v. br.
578. Histoire de l'art de l'antiquité, par Winkelmann, trad.
de l'all. par Huber. *Leipzig*, 1781, in-4, 3 vol., v. j.
579. Diarium italicum, sive monumentorum veterum, bibliothecarum, musæorum notitiæ itinerario italico collectæ
à B. de Montfaucon. *Parisiis*, 1702, in-4, v. br.
580. Histoire de l'académie royale des inscriptions et belles-
lettres. *Paris*, 1740, pet. in-8, 5 vol., v. f. fil., tr. dor.
(*Derome.*)
581. Hispaniæ bibliotheca, seu de academiis ac bibliothecis,
item elogia et nomenclatura clarorum Hispaniæ scriptorum
qui latinè scripserunt, edente Andr. Schotto. *Francof.*,
1608, in-4, v. f. (*D'Aguesseau.*)
582. Theoph. Spizelii de re litteraria Sinensium commentarius. *Lugd.-Bat.*, 1660, pet. in-12, v. br.
583. Systema bibliothecæ collegii Paris., soc. J., aut. P. Gar-
nier. *Parisiis*, 1658, in-4, v. br.
584. Bibliographie instructive, par Debure. *Paris*, 1768,
7 vol. — Catalogue des livres du cabinet de M. Gaignat, par
le même. *Paris*, 2 vol. Les 9 vol., pet. in-4. pap. de Holl.,
mar. r., dent., tr. dor. (*Derome.*)—Tome X, ou Table des
anonymes, par M. Née de La Rochelle. *Paris*, 1782, in-4,
v. br.

573	9	"	Labor
574	1	"	Robin
575	3	95	Martin
576	6	"	Labor
577	2	"	Martin (. Lafargue)
578	9	"	Moze
579	1	80	Taborie
580	3	"	Martin (tany)
581	1	50	Taborie
582 avec 571	1	"	id
583	3	60	Julien
584	50	.	Crozet

585   2   –   Guibert

586   5   ·

587   3   10   Martin
588   3   20   Fabant

589   2   50   id

590   17   4   Julien

585. Joa. Vogt catalogus librorum rariorum. *Hamburgi*, 1753, pet. in-8, v. — Index librorum prohibitorum, Innoc. XI jussu editus usque ad annum 1681. Cum appendicibus ad ann. 1754. *Romæ*, 1704-1754, pet. in-8, v. j. *(D'Aguesseau.)*

586. Bibliothèque physique de la France, ou Liste de tous les ouvrages tant imprimés que manuscrits qui traitent de l'histoire naturelle de ce royaume, par Hérissant, achevée et pub. par M***. *Paris*, 1771, in-8, v. m. — Bibliothèque choisie de Colomiés, avec notes de Bourdelot, La Monnoye et autres. *Paris*, 1731, in-12, v. f.

587. Tableau historique de la bibliothèque du roi (par le Prince). *Paris*, 1782, pet. in-12, v. f., fil.

588. Biblioteca dell' eloquenza italiana di G. Fontanini, con le annotazioni di Ap. Zeno. *Venezia*, 1753, in-4, 2 vol., d.-rel. — Bibilotheca pontificia, auct. Lud. Jacobo à S. Carolo. *Lugd.*, 1643, in-4, parch. — Bibliotheca apostolica Vaticana, à Fr. Roccha commentario illustrata. *Romæ*, 1591, in-4, v. f.

589. Catalogus impressorum librorum bibliothecæ bodlejanæ in academia Oxoniensi, curâ Th. Hyde. *Oxonii, è Th. Sheld.*, 1674, in-fol., v. br. *(D'Aguesseau.)*

590. Catalogue de la bibliothèque du cardinal Dubois. *La Haye*, 1725, in-8, 4 vol., v. m. — Catalogue des livres du cabinet de M. de Cangé. *Paris, Guérin*, 1753, in-12, rel. en carton. *(Avec les prix.)* — Catalogus librorum bibliothecæ Com. de Hoym. *Parisiis, G Martin*, 1738, in-8, v. j. *(Prix mss. et notes de l'abbé Sépher.)* — Catalogue des livres de l'abbé de Rothelin. *Paris, G. Martin*, 1746, in-8, v. br. *(Prix mss.)* — Catalogue des livres et estampes de M. le comte de Pontchartrain. *Paris, Prault*, 1747, in-8, v. m. *(Prix mss. et notes de la main de l'abbé Sépher.)* — Catalogue de la bibliothèque de Burette. *Paris, G. Martin*, 1748, in-12, 3 vol., rel. en carton. *(Avec les prix.)* — Catalogue des livres du cabinet de M. de Boze. *Paris, G. Martin*, 1753 et 1754, in-8, 2 vol., d.-rel. — Catalogus manuscriptorum codicum, collegii claromontani, quem excipit catalogus mss. Domus profess. parisiensis. *Parisiis*, 1764, in-8, v. j. — Catalogue des livres de la bibliothèque de la marquise de Pompadour. *Paris, Hérissant*, 1765, in-8, v. j. *(Prix manuscrits.)*

Ce numéro pourra être divisé.

591. Catalogue des livres de la bibliothèque de **M. G. de P.**
(Girardot de Préfond), par G. F. de Bure le jeune. *Paris*,
1767, in-8, gr. pap., mar. r., fil., tr. dor. (*Avec les prix
manuscrits.*)

592. Catalogue des livres de la bibliothèque de M. Gayot, par
G. de Bure fils aîné. *Paris*, 1770, gr. in-8, v. f., fil. (*Avec
les prix manuscrits et beaucoup de notes de la main de l'abbé
Rive.*)— Catalogue des livres de la bibliothèque du duc de La
Vallière, par G. de Bure fils aîné. *Paris*, 1783, in-8, 3 vol.,
bas. *(Avec les prix.)*

593. Catalogue des livres, dessins et estampes du cardinal de
Vence. 1760. = Catalogue des tableaux, dessins originaux
et estampes du même, par Remy. = Catalogue des livres et
estampes de Gascq de Lalande. *Paris*, 1756, in-8, v. m.
(*Prix mss.*) = Catalogue des livres du cabinet d'Ennery,
1786.=Catalogue des tableaux, antiquités, etc., du même,
par Remy et Miliotte. 1786, in-8, v, porph., fil.

594. Catalogue des livres de la bibliothèque de **M. Watelet.**
Paris, 1786. = Catalogue des livres du cabinet de l'abbé
Aubry. 1785. = Catalogue d'une collection de portraits en
miniature d'hommes et femmes célèbres du cabinet de
M. de Sabran, par Paillot. *Paris*, 1784, in-8, d.-rel.

595. Catalogue des livres de la bibliothèque de M. Lebeau et
15 autres catalogues, presque tous avec les prix; in-8, cart.

596. Catalogues des livres des bibliothèques de Paris de Mey-
zieu, 1779; Bonnemet, 1772; d'Ennery, 1786; Jeliotte,
1783; Gouttard, 1780; et Turgot, 1744; 6 vol. in-8, rel.,
dont 4 vol. avec les prix.

597. Catalogues des livres des bibliothèques de Lancelot,
1744; Lambert, 1780; Buchot, 1781; Dailly, 1783; et du
comte de la Marck, 1751, in-8, 5 vol., rel.

598. Catalogues des livres des bibliothèques de Randon de
Boisset, 1777; Dudoie, avec prix et table des auteurs, 1763;
de l'abbé Rive, *Marseille*, 1793; et de Choiseul-Beaupré,
1793, avec prix; de l'abbé Sépher, 1786; 4 vol. in-8, 3
rel. et 1 cart.

599. Bibliotheca Vilenbroeckiana. *Amst.*, 1729, in-8, v. f.
Rare. — Bibliothecæ exquisitissimæ insignium librorum
catalogus per Adr. Moetjens. *Hagæ-Com.*, 1752, in-8, parch.
— Bibliotheca selectissima, seu catalogus omnis generis
librorum (Com. de Schomberg). *Amst.*, *P. Mortier*, 1743,
in-8, 2 vol., v. m. — Bibliotheca ex omni facultate libro-

§91   6   "   Gra   Crozet

§92   7   "   :O

§93 ⎫
      ⎬   — 2   "   Difference
§94 ⎭

§95 ⎫
      ⎬   3   "   Difference
§96 ⎭

§97   1   §o   Julin

§98   2   of   Tabour

§99   4   "   :9

600	10	50	Lecontemp
600 bis			
601	?	4	Tabarie
602	3	50	Mustin (v. lecler)
603	1	"	Tabarie

rum quos reliquit Carolus Major. *Mechliniæ*, 1767, in-8,
v. m. — Bibliotheca Rinekiana. *Lipsiæ*, *s. a.*, in-8, 2 vol.,
v. j. (*D'Aguesseau.*) — Catalogus bibliothecæ Harleianæ.
Londini, Osborne, 1743, in-8, 2 vol., v. j. — Bibliotheca
Askewiana. *Londini*, 1775, in-8, v. j., non rogné. (*Ce dernier avec les prix manuscrits, argent d'Angleterre.*)

> Ce numéro pourra être divisé.

600. Quatre vol. in-8, d.-rel., portant au dos : *OEuvres de
l'abbé Rive*, et contenant les pièces suivantes de ce bibliographe . La chasse aux bibliographes. *Londres*, 1788,
2 vol. == Lettre vraiment philosophique à l'évèque de Cler-
mont. 1790. == Lettres violettes et noires, ou antiépisco-
pales et antigrandvicariales. 1789. == Lettres purpuracées,
ou lettres consulaires et provinciales. 1789. == Accomplis-
sement de la prophétie politique faite en 1772, 1789. ==
Ode sur la liberté naturelle et politique, 1789. == Lettre à
Camille Desmoulins, 1790.

600 *bis*. Diverses notices calligraphiques et typographiques,
par l'abbé Rive...... Première notice, sur le manuscrit intitulé : *Galeotti liber excellentium*. Brochure in-8, de 16 pag.,
pap. vél., impr. à Paris en 1785.

> Ce manuscrit de Galeotto, qui avait été d'abord dans la biblio-
> thèque de M. d'Aguesseau, faisait partie, en 1785, de celle de
> M. Perrin de Sanson, pour lequel l'abbé Rive rédigea cette notice.

601. Meslanges historiques et recueil de diverses matières pour
la plupart paradoxales et néantmoins vrayes ; par Pierre de
Saint-Julien. *Lyon, Rigaud*, 1589, in-8, parch.

602. Mélanges d'histoire et de littérature, par de Vigneul de
Marville (Noël Bonaventure d'Argonne), revus et augmentés
(par M. l'abbé Banier). *Paris*, 1725, in-12, 5 vol., v. br.

603. Sept pièces in-4, en vers et en prose, dont la pièce de
cabinet, stances énigmatiques, 1648 ; le Parnasse alarmé,
1649 ; Response au Parnasse alarmé, par l'académie françoise, 1649 ; la Pompe funèbre de Voiture, avec la clef,
1649 ; Discours d'un philosophe mécontent, en vers, à
madame la Fortune sur les malheurs des sçavans de ce
siècle, 1649, etc.

MANUSCRITS.

604. Heures en flamand, in-12, mar. **n.**, tr. dor. *Sur papier*.

605. L'opérer de Dieu, pet. in-8.
> Ouvrage d'un quiétiste raffiné, selon une note de l'abbé Sépher.

606. Le chevalier Repenty, en 2 parties; la 1re est un livre de morale d'un style très comique; la 2e est un traité sur la confidence, du même style, par le P. Antoine de Saint-Michel, prédicateur récolet de la province de Saint-Bernardin, en France; in-4, parch.

607. Interpretationes nominum Hebraicorum, pet. in-fol.
> Du quinzième siècle, sur vélin, à deux colonnes.

608. Un vol. in-8, d.-rel., contenant, 1° un recueil d'extraits sur la Bible, sur l'Écriture, sur les Juifs, etc.; 2° histoire admirable du Juif errant, lequel depuis l'an 33 de J.-C. jusqu'à l'heure présente ne fait que marcher... *Ces deux pièces sont de deux mains différentes*.

609. Remarques sur différentes matières de religion et de politique; 1708 (tirées principalement de la rép. des lettres de Bayle et de Basnage), in-12, v. br.

610. La religion chrétienne analysée, par C. F. C. D. F. = Notes sur la religion chrétienne analysée. In-4, d.-rel.
> Copie entièrement de la main de l'abbé Sépher.

611. Système de religion naturelle, adressé au Père Mallebranche, par un militaire. In-4, d.-rel.
> Copie de la main de l'abbé Sépher.

612. Le cathécumène cartésien, ou Entretiens d'un jeune abbé cartésien avec divers docteurs sur les mystères de la Trinité et de l'Incarnation. In-4, d.-rel.
> « Entretiens sociniens, pièce unique; je l'ai eue à la mort de l'auteur : il n'y en a pas eu de copie. » *(Note de l'abbé Sépher.)*

613. Traité de M. de Marca sur les empêchemens dirimans du mariage. In-fol., v. br.
> Ce traité n'a pas été imprimé. *(Sépher.)*

614. Un traité des dixmes ecclésiastiques. In-4, v. f. *Sur papier, jolie écriture du 17e siècle*.

615. Observations sur les principales maximes que les défenseurs de la régale ont voulu établir en des discours manuscrits ou imprimés et dans le procès-verbal de l'assemblée du

604	avec 280	2	80	Tabou
605 } 606 }		2	"	Refus
607		10———	"	Muslin
608		1	"	
609		1	"	
610		1	50	
611		1	50	
612		1	40	Tabou
613		2	55	Barrois a
614		1	"	
615		avec 616			

	2	95	Canary annabis
617	1	"	Carpitts
618	4½	"	
619 } 620 }	1	80	
621	4	"	~~Austin~~
622	9	"	Austin
623	2	"	Moreland
624	1	"	
625	1	"	
626	5	"	tubaric
627	1	95	Austin (Cibin)
628	10	80	
629	7	95	

quelques prélats, tenue chez Mgr l'archevêque de Paris, le mois de may 1682. In-8, parch.

616. Méthode pour bien conduire sa raison, par le R. P. Alippe augustin déchaussé. In-fol., parch. *Belle écrit. du 18ᵉ siècle.*

617. Commentarii in libros Aristotelis de anima. 1640, in-4, v. f., fil.

618. Essay de métaphysique. In-4, v. m. *Sur papier, écriture du 18ᵉ siècle.*

619. Le Pyrrhonien. In-12, mar. r., fil., tr. dor. *Sur papier.*

620. Dissertation sur l'ame du monde, premier mobile naturel que Dieu a fait, et sur la différence réelle de l'individu mixte, de son principe constitutif et de son corps. In-4, parch. *Sur papier, écriture du 17ᵉ siècle.*

621. Dialogues sur la beauté parfaite entre Claudon et Francion, in-4, parch. *Sur papier, écriture du 17ᵉ siècle.*

622. Le livre de Boece de Consolacion, translaté par maistre Jehan de Meun, de latin en françois, et après expose et déclaire en plusieurs parties moult souffisamment par mant estude et diligence. In-4, parch.

Sur vélin, du 15ᵉ siècle. Malheureusement il a souffert plusieurs mutilations qui le rendent incomplet.

623. Questions sur la morale. In-4, mar. r., fil., tr. dor.

624. Morale de la nature. Pet.-in-4, v., fil.

625. Pensées sur la morale et sur la politique (par l'abbé de Saint-Pierre). In-4, d.-rel.

Offre des variantes avec l'édition imprimée et des additions.

626. Testament politique, ou les maximes d'état du cardinal de Richelieu. In-fol., v. f. *(D'Aguesseau.)*

A la fin on a ajouté copie de l'acte de donation à la couronne par le cardinal de R., du palais cardinal, de sa chapelle de diamans, de son grand diamant, etc.

627. Traicté sur l'astrologie judiciaire. In-4, v. br. *Sur papier, écriture du 16ᵉ siècle.*

628. Traité des carreaux de deux couleurs mi-partis par une diagonale, en françois et en latin, par le Père Meliton de Perpignan. 1724, pet. in-fol., v. br. *Avec dessins.*

Voir, sur le même sujet, l'ouvrage du P. Donat, nᵒ 190.

629. Un vol. in-8, vél. vert, dent., tr. dor., contenant 76 portraits de peintres, tirés de l'ouvrage d'Argenville.

Au tour et au verso de ces portraits, le propriétaire a écrit de sa main la biographie de chaque peintre, et a cité ses principaux ouvrages. Cette collection est divisée en trois écoles : école d'Italie, école hollandaise et école française.

630. Un registre in-fol., rel. en parch., contenant un catalogue d'ouvrages de peinture, sculpture et architecture qui
se voyaient à Rome en 1725, et quelques notices sur les
ouvrages de sculpture que l'on possède en France, avec une
table alphabétique des noms des artistes. *(De la main de
M. Perrin de Sanson.)*

631. Catalogue par ordre alphabétique des peintres, sculp-
teurs et architectes, tant anciens que modernes, des dessi-
nateurs et graveurs, avec une notice de leurs ouvrages, de
leur naissance et de leur mort, avec la note des tableaux,
dessins et morceaux de sculpture que le muséum central de
France a recueillis suivant le catalogue et les notices qu'il
en a fait imprimer jusqu'au 20 décembre 1798. In-fol.,
rel. en parch. *(De la main de M. Perrin de Sanson.)*

632. Conversation de M. Guillaume, avec la princesse de
Conty aux Champs-Élysées (par Desvallées). 1631, pet.
in-fol., v. j.

633. Fragmens de la vie du comte de Grammont (15 cha-
pitres). in-4, 2 vol., v. br.

634. Un vol. v. br., in-fol., contenant une suite de 224 lettres
latines autographes, adressées à Gassendi, par Louis-Emma-
nuel de Valois, duc d'Angoulème, comte d'Alais, petit-fils
de Charles IX, qui mourut à Paris le 4 novembre 1653.

C'est ce duc d'Angoulème qui était gouverneur de Provence en
1641, époque des troubles à l'occasion du parlement de Provence.
On trouve en tête du volume, de la main de M. Perrin de Sanson,
une longue note biographique sur l'auteur de ces lettres.

635. Une suite de lettres autographes, écrites aux frères de
Sainte-Marthe par divers savans, tels que J. Besly, G.
Cambden, Peiresc, J. Savaron, André Duchesne, Chr.
Justel, Théod. Gaudefroy, Jules Chifflet, Nic. Camusat,
Trinquant, Chenu.

Ces lettres, au nombre de plus de 150, renferment une foule de
détails, de notes, de recherches et de documens précieux pour la
généalogie, l'histoire et l'histoire littéraire. Un grand nombre sont
relatives au *Gallia christiana.*

636. Un vol. in-fol., v. br., contenant environ 200 lettres autographes écrites à Gassendi, tant en latin qu'en français,
par les principaux savans contemporains, parmi lesquels
nous citerons Dufaur de Pibrac, Snellius, Golius, Gevar-
tius, Chr. Scheiner, G. Naudé, H. Grotius, Mich. Cons-
tantin, Campanella, Bouillaud, Is. Gruter, Kircher, G.
Schickard, Vendelin, Mersenne, Fulgence, Fortunius Li-

630 }			
631 }	4	50	
632	1	50	
633	1	60	Lefèvre
634	27	"	Martin (libri)
635	61	"	Martin (libri)
636	135	"	Martin (libri)

637   370   "   Brunet

638   10   "   ID

639   avec   1   95   Taborie
640   62   159   "   Merlin

cetus, Sam. Petit, P. Dumay, Sam. Sorbière, Gaffarel, J. Wallis, J. Hevelius, Th. Hobbes, Guy Patin, Godeau, Lobkowitz, André Rivet, Descartes (au P. Mersenne), Ol. Worms, Domin. Cassini, Meibomius.

Ce recueil précieux renferme des documens importans pour l'histoire des sciences.

637. Trois gros portefeuilles in-4, contenant plus de 400 lettres autographes adressées à M. Toinard, antiquaire célèbre du 17e siècle et auteur de divers ouvrages, par un grand nombre de littérateurs, de savans, d'antiquaires et d'amateurs dont nous citerons les principaux :

— L'évêque de Pamiers, l'abbé de Camp, le card. d'Estrée, le cardinal de Coislin, l'abbé de Hautefeuille, le P. Chérubin d'Orléans (5 lettres), Bernard de Lamonnoye (19 lett.), le P. Jobert, l'abbé de Longuerue (4 lett.), Grævius (46 lett.), Prousteau (22 lett.), Locke (60 lett.), l'abbé Dubos (60 lett.), le card. Noris (50 lett.), Huet (4 lett.), Vaillant (12 lett.), Cuper (5 lett.), l'abbé Fleury (5 lett.), Galland (6 lett.), And. Morell, Graverol, Leibnitz, Turretin, Papin, Picard, Percheron, Tillemont, Wetstein, Barbin, Cramoisy, Ducange, Gronovius, le P. Lamy, Mabillon, Montfaucon, Fred. Rostgaard, Paul Lucas.

Quelques lettres sans signatures sont présumées être de la main de Renaudot : il y a aussi plusieurs copies de lettres du P. Sirmond, et une grande correspondance de l'ingénieur Froger.

Beaucoup de ces lettres contiennent des dessins de médailles, de machines, des copies d'inscriptions, etc.

Il est inutile de faire remarquer combien ce recueil est important pour l'histoire, l'histoire littéraire, l'archéologie en général, et principalement la numismatique ancienne.

638. Lettres de l'abbé Rive à M. Perrin de Sanson, écrites de 1788 à 1790.

Ces lettres ne sont que signées. Elles sont accompagnées d'une lettre de change tout entière de la main de l'abbé Rive, alors paralysé.

On y trouve quelques détails bibliographiques.

« Leur style porte l'empreinte de son caractère vain et irascible. » *(Note de la main de M. Perrin de Sanson.)*

639. Traité de chronologie. In-4 en cart. *Du 17e siècle.*

640. Cy aprez sensieuet les rubriques des capitles de pnt liure nome oroze qui commence au liure genesis.... Gr. in-fol., v. br., fil., tr. dor.

Beau manuscrit sur vélin à deux colonnes, en lettres cursives, de la fin du quatorzième siècle ou du commencement du quin-

zième siècle. Il est orné de lettres tourneures, de bordures et de
2 grandes miniatures, plus 71 petites d'environ 5 pouces carré,
peintes en camayeu et de la plus belle conservation.

Ce manuscrit de Paul Orose a appartenu à M. d'Aguesseau. On
le trouvera dans le catalogue de sa bibliothèque sous le nᵒ 3679.

641. Recueil de pièces en prose et en vers contre les Jésuites ;
le Philotanus y est compris. In-4, v. br. — Un vol. in-8,
d.-rel., contenant : Supplicatio collegii sacrorum scortorum
romanensium pro redditu Card. Caraffæ. = Discours et pièces sur le Juif errant, ce qu'en a dit Mathieu Pàris, la lettre
de Mᵐᵉ de Mazarin et celle de l'espion turc sur ce sujet. = Vies
de quelq. philosophes athées peu connus depuis le 16ᵉ siècle.

642. Mémoire historique de tout ce qui s'est passé sur les
questions de la grâce et du libre arbitre, depuis le milieu
du dernier siècle (1651) jusqu'à notre temps (composé par
M. Dupin). Vol. in-4, v. f. *Écrit en 1695.*

643. Récit de ce qui s'est passé touchant l'interdiction que
M. l'évêque d'Angers a faite au P. Joseph, cap., pour un
sermon prêché en 1646. = Lettres du provincial et réponse du P. Joseph. = Lettre du P. Joseph à M. W. Pet.
in-4, v. br.

644. Extraits des procès-verbaux, informations, etc., touchant l'exhumation de Marie de Vallois, tirés sur les originaux. 1656, in-4, v. br.

645. Un vol. in 4, v. br., contenant différentes pièces qui
ont paru en 1715, pour et contre l'authenticité des reliques
et du tombeau de Firmin le confesseur, trouvées à Saint-
Acheul en 1697.

646. Journal du palais, ou Recueil de tout ce qui s'est passé
au Parlement, au sujet des billets de confession et des refus
de sacremens, depuis le 23 mars 1752 jusqu'après l'exil
de l'archevêque en décembre 1754. *Paris,* 1754, in-4,
parch.

647. Recherches de quelques particularités de la naissance,
de la vie et des actions du faux prophète Mahomet. In-fol.
Écriture du 17ᵉ siècle.

On y a joint diverses pièces sur les protestans français réfugiés,
d'autres sur la contestation de Richer avec les bénédictins de Saint-
Maur, etc.

648. Livres des familles vénitiennes. In-4, parch

Sur papier, avec blasons coloriés. Une note en tête du volume
annonce que cet ouvrage a été supprimé par ordre du magistrat,
pour avoir mis le dernier procurateur Ottobon en cette qualité qui
lui a été retranchée depuis la mort d'Alexandre VIII.

641 }
642 }   1   "

643 }   3   of   Lefevre
644 }   1

645   1   "

646   2   So   Burnay

647   4   So   Lefevre

648   11   "   Martin (libre)

649   60   50   Labor

650   4   50   Merlin (libri)

651   5   ?   Tabarie

652   87   50   Merlin (B.R.

653   4   ?   Merlin (Libri)

649. Raccolta delle famiglie de' gentilhuomini vinetiani, l'origine loro, et le cause per le quali sono stati creati nobili, da Tebaldo de' Tebaldi. Pet. in-fol., mar. n., fil., tr. dor.

Manuscrit original sur papier, avec blasons coloriés. La dédicace à Hercule II, duc de Ferrare, est datée du 17 déc. 1552 et signée.

650. Recueil de quelques chartes et extraits de chroniques authentiques, par où l'on vérifie la vraye origine des prédécesseurs de Rudolphe dit le Grand et le Pieux, comte d'Habsbourg, depuis Empereur Ier du nom, qui a donné les fondemens à la très auguste maison d'Austriche. Ensemble, un acte considérable qui concerne ce prince avant qu'il fût empereur, pour réfuter les opinions de ceux qui font descendre les princes d'Austriche des Perléons de Rome de la maison d'Austrasie ou qui leur donnent encore d'autres origines plus fabuleuses (par d'Auteüil). In-4, réglé, vél., doré. *Aux armes d'Anne d'Autriche.*

Latin et français, sur papier, dédié par l'auteur à Anne d'Autriche, signé et daté du 25 février 1645.

651. Histoire du roi Charles V. Cy commence la première partie du livre des faitz et bonnes meurs du sage roy Charles... compilé par Christine de Pizan, accompli le desrenier jour de l'an 1404. In-fol., parch.

Copie sur papier, écriture du 17e siècle.

652. Che sont les croniques Froisart. C'est croniques escript Bertoulet Lebrun archier de corps de Phelippe, duc de Bourgogne que Dieu absol et le comencha au Noël lan mil IIIe LXXVII et fut fait XV jours devant le saint Jehan Baptiste en suivant... et avoit ledit Bertoulet LXIII ans quant il furent parfait. Pet. in-fol., v. j. (*D'Aguesseau.*)

Manuscrit sur papier, composé de 443 feuillets.
Cette copie n'est pas conforme aux éditions de Froissart, et elle ne va pas aussi loin que l'ouvrage connu de cet historien, qui se prolonge jusqu'en 1400, tandis que cette copie ne va que jusqu'en 1377, époque où elle fut faite.
Ce manuscrit peut être très important. Sa date lui donne tout l'intérêt d'un original; et s'il était conféré avec les manuscrits connus et les éditions primitives, il offrirait peut-être d'heureuses variantes et des passages que l'auteur aurait pu supprimer plus tard, comme nous le voyons faire souvent aux historiens de nos jours, dont mille considérations viennent entraver les secondes pensées.
Le propriétaire a chargé les marges de notes de sa main.

653. Histoire des choses mémorables du règne de Louis XII et François Ier, en France, en Italie, en **Allemagne et Pays-Bas**, etc., depuis l'an (1499) jusques en l'an 1521, mise par escrit par **Robert de La Mark**, seigneur de Fleuranges et de Sedan, maréchal de France. In-fol., v. br.

654. Recueil en portefeuille de différentes pièces historiques et politiques, espagnoles et françaises, flamandes et latines, concernant les affaires d'Espagne du temps de Charles-Quint, jusques en 1684, avec quelques pièces imprimées. In-fol.

> Recueil important par le grand nombre de pièces intéressantes qu'il renferme; plusieurs sont relatives aux négociations avec l'Angleterre, la France, les Pays-Bas et les Provinces-Unies.

655. Mémoires de feu **M. le duc de Bouillon** à son fils, contenant l'histoire de sa vie. == Discours de Henri III, des causes et motifs de la Saint-Barthélemy. == Description de l'état présent de l'Europe, sur lequel on doit prendre d'importantes résolutions. == Plan des affaires d'Allemagne.== Discours de M. de Saint Évremont sur le sujet de la paix.== Harangue au roy par le prince de Conty, pour l'estat et soulagement des peuples. == Réponse à une lettre contre ce qui s'est passé depuis les derniers mouvemens jusqu'à la conclusion de la paix de 1660. == Lettre de Créqui au roy, le 21 aoust 1662. == Alexander Papa VII (Regi). == Faits et articles arrêtés par le roi, concernant un accommodement avec le pape, du 27 septembre 1662. == Harangue au Consistoire, par le pape, sur les différends, etc. == Plainte faite au roi, par Mme Fouquet. == Boucquet au roy par la même. == Le Salve Regina de M. Fouquet == Réveil-matin de partisans. In-fol., v. br.

656. Mémoires du duc de Rohan sur les troubles advenus en France depuis la mort de Henry-le-Grand jusqu'à la paix faite avec les Réformés, au mois de juin 1629. In-fol., v. br., fil.

657. Traduction de la vie de M. de Thou. == Apologie pour l'histoire de M. le président. 1620, in-fol., v. j.

658. Mercure françois de 1633. In-12, v. br.

> C'est ce qui a été supprimé du tome xix du *Mercure françois* au sujet du différend du duc d'Épernon et de l'archev. de Bordeaux.

659. Recueil de pièces manuscrites sur l'histoire, de 1618 à 1642, principalement sur les troubles de France en 1644, dont lettres du duc de Beaufort au roi et du roi au duc de Beaufort. In-fol., v. br. (23 pièces avec une table.)

654   20   «   Lefevre

655   4   «   Tabois

656   3   «   Lefevre

657   1   50   :)

658 }
659 }   2   80   :)

666	12	f?	Lehnen
661	3	"	13
662	6	f?	wozu
663	3	"	Tabac?
664	II	fo	Labor
665	1	"	Tabac?

660. Recueil de pièces tant en vers qu'en prose, relatives à l'histoire de France des années 1641 à 1645, dont manifeste des princes retirés à Sedan; les interrogatoires, l'arrêt de condamnation et la relation de la mort de de Thou et Cinq-Mars, etc., etc. In-fol., 2 vol., v. br. (79 pièces, avec une table à chaque volume.)

661. Recueil de lettres, brevets et commissions expédiées par MM. les secrétaires d'État, depuis 1635 jusqu'en 1636. In-4, 2 vol. couverts en peau.

662. Une liasse de pièces relatives, pour la plupart, au procès et à l'exécution de Cinq-Mars et de Thou. On y remarque entre autres le traité du roi d'Espagne et de M. de Fontrailles. une relation des derniers momens M. de Thou, par le P. Mallavallette, son confesseur, et la lettre que de Thou écrivit avant son exécution à une dame que l'histoire ne nomme pas et qui semblerait être la duchesse de Chevreuse, à en juger par deux passages où il dit : *Vous avez été cause de ma perte....* et ailleurs: *Les personnes que j'ai haïes à votre occasion.*

663. Un vol. in-fol., v. f. contenant : Discours de M. de La Châtre sur ce qu'on l'a destitué de la charge de colonel des Suisses. 1644. == Réponse ou observations de M. le comte de Brienne, ministre et secrétaire d'état, sur les mémoires de M. de La Châtre, colonel des Suisses. == Brigues pour le gouvernement, ou mémoires de M. de La Rochefoucault. == Guerre de Paris. == Ce qui se passa depuis la prison des princes jusques à la guerre de Guyenne. == Guerre de Guyenne, avec la dernière de Paris, et journées de Saint-Antoine. == Apologie ou deffense de M. de Beaufort contre la cour et la noblesse et contre le peuple. In-fol., v. br.

664. L'histoire du maréchal de Matignon, avec ce qui s'est passé de mémorable depuis la mort de François Ier jusqu'à la fin des guerres civiles, par M. de Caillieres, mareschal de bataille des armées du roy. 1658, in-4, v. f. (*D'Aguesseau.*)

Les corrections qui se trouvent en grand nombre dans ce manuscrit, peuvent faire penser qu'il est original.

665. Mémoires pour servir à l'histoire du publicanisme moderne, contenant l'origine, les noms, les qualités, le portrait et l'histoire abrégée de MM. les fermiers-généraux, de 1720 à 1750. Petit in-4, d.-rel.

666. Recueil de pièces, en prose et en vers, anecdotiques et satyriques. In-4, 2 vol., v. br.

Manuscrit sur papier, du 18e siècle, avec des tables très étendues.

667. Mémoires des intendans des provinces de France, savoir: la province de Bretagne (1710). In-4, v. m. — Estat de la généralité de Champagne en 1689, 1690 et 1691 (par M. de Nointel, intendant). In-fol., v. br. — Mémoire historique et politique sur la province de Languedoc. 1696, in-fol., v. br. *Avec les vues gravées des monumens décrits dans le volume.* — Mémoire du pays de Provence. In-fol., v. br. (*Postérieur à 1691.*) — Mémoire sur la généralité de Tours. = Province du Maine. = Mémoire sur la province d'Anjou. In-4, v. m. — Mémoire sur l'Artois, dressé par par M*** en 1700. In-fol., d.-rel. — Mémoire sur l'Alsace. = Mémoire sur la Flandre flamingante ou occidentalle. 1697, in-fol., d.-rel. — Mémoire sur la Lorraine. In-4, v. m. — Mémoire sur les trois évêchez de Metz, Toul et Verdun. In-4, v. m.

668. Un vol. in-fol., parch. Manuscrit autographe de M. Perrin de Sanson.

C'est un extrait de l'ouvrage de l'abbé Rive, *Chasse aux bibliographes,* dégagé de toutes injures et personnalités, et réduit aux seuls faits bibliographiques. A la suite de cet extrait, est un catalogue des livres rares de la bibliothèque de l'abbé Rive, et enfin un recueil de faits curieux relatifs à l'histoire de France.

669. Chi commence li livres qui est apeles tresor de la premiere science de phylosophie. (120 f.) = Comment Charles conquist Espaigne et Galisce par lanonchement saint Jake aie et comment Charles morut cest ci lestoire selont le latin. = Ici encommence li ystoire de la male marastre et des VII sages de Romme la chité. = Ci coumence li livres dou gouvernement des rois et des princes que freres Gilles de Roume de l'ordre de Saint-Augustin compila des dis plusieurs philosophes. — Ci fenist li livres dou gouvernement des rois et des princes que freres Gilles de Roume de lordene de Saint-Augustin a fait. Lequel livre maistres Henris de Gauchi a translate de latin en françois par le commandement de Phelippon le noble roi de France. (121 f.) = Chou est li voirs que je ypocs envoie a toi Cesar que je tai promis piecha.... Saches que cest la curations et la sante de ton cors. (4 feuillets.) In-fol., v. br. (*D'Aguesseau.*)

Manuscrit précieux du commencement du 14e siècle, sur vélin, composé de 245 feuillets, plus 12 feuillets pour la table du premier ouvrage.

666	6	§§	Carpette
667	35	"	Tabari
668	2	of	Malaguir
669	206	"	Merlin (Libri)

670   3   „   Cabot

671   1   „   Grandmange

Il contient 58 lettres initiales d'environ 2 pouces carrés, formant miniatures à fond d'or, avec sujets historiés, à personnages. Les pages où se trouvent ces initiales sont ornées d'arabesques et de bordures représentant des fleurs et des animaux bizarres.

Le texte est écrit à deux colonnes de 40 lignes chaque.

Les cinq traités qui composent ce recueil sont de la main du même copiste.

Le premier, ou *Trésor de la première science de philosophie*, est une sorte d'encyclopédie composée en français par Brunetto Latini, florentin, pendant son séjour à Paris, vers le deuxième tiers du 13ᵉ siècle. Latini est mort en 1294.

Le deuxième, *Comment Charlemagne conquit l'Espagne*, est la traduction de l'ouvrage de l'archevêque Turpin. Cette traduction, qui n'est pas celle qui a été réimprimée plusieurs fois dans le 15ᵉ et le 16ᵉ siècle, a été faite par Michel de Harnes en 1207, par les ordres de Philippe-Auguste, sur le latin, qui existait alors dans les livres de Renaut, comte de Bologne, comme le traducteur l'annonce au commencement de son ouvrage.

Le troisième, ou *Roman des sept Sages* (en prose), est trop connu pour qu'il soit nécessaire d'en parler. Il est terminé par deux feuillets contenant des préceptes moraux sous le nom d'*Enseignement de sapience*.

Le livre du *Gouvernement des Rois* est la traduction de l'ouvrage composé en latin par Gilles de Rome ou Gilles Colonne (mort en 1316) pour Philippe-le-Bel, dont il fut précepteur. Comme on le voit par la souscription citée, elle fut faite par Henri de Gauchi, de l'ordre de Philippe-le-Bel, lorsqu'il fut roi, entre les années 1285 et 1314, conséquemment du vivant de l'auteur latin.

Cette traduction contemporaine n'est point connue, et ne doit pas être confondue avec la traduction en français plus moderne faite par Simon de Hesdin, et publiée à Paris, en 1497, in-fol.

Le *Traité de la Santé*, envoyé à César par Hippocrate (qui vivait plus de 400 ans avant le premier César), est curieux par le grand nombre de recettes et par les noms de plantes et d'animaux qu'il renferme.

ARTICLES OMIS.

670. Historia Christi persicè conscripta, simulque multis modis contaminata à P. Hier. Xavier, latinè reddita et animadversionibus notata à Lud. de Dieu. *Lugd.-Bat.*, *Elzev.*, 1639. = Historia S. Petri persicè conscripta..., latinè reddita cum animadv. à Lud. de Dieu. *Ibid.*, 1639. = Rudimenta linguæ persicæ, authore Lud. de Dieu; accedunt duo priora capita Geneseos ex persica translatione Jac. Tawusi. *Ibid.*, 1639, pet. in-4, v. br., fil.

671. P. Zornii historia Eucharistiæ infantium ex antiquitatibus ecclesiarum tùm occidentalium, tùm orientalium illustrata. *Berolini*, 1736, pet. in-8, 2 vol., v. m.

672. Hercules in bivio et statua Mercurialis pro viâ veri et summi boni et adsequendâ per ipsum interioris perfectionis et beatitudinis metâ, posita à Christ. Georg. de Bergk; accessit pro memoria Bergeriana historica biothanatographia Joachimi de Bergk in Herrndorff et Claden. *Hanoviæ*, 1611, pet. in-4, parch.

673. Sophoclis tragœdiæ septem, unà cum omnibus græcis scholiis, et latina Viti Wensemii ad verbum interpretatione, qnibus accesserunt Joachimi Camerarii, necnon H. Stephani annotationes. *Coloniæ-Allobr.*, *P. Stephanus*, 1603, in-4, bas., dent., tr. dor.

674. Un vol. in-4, v. m., contenant diverses pièces, dont : Dissertations sur le culte que les Grecs et les Romains ont rendu à Antinoüs, favori d'Adrien, et à Comus, dieu de la joye, des plaisirs, des ris, des festins et des bals, par de Riencourt. *Paris*, 1723.

675. Un vol. in-4, v. br., contenant : Explication d'un ancien monument trouvé en Guyenne dans le diocèse d'Ausch (par Cl. Nicaise). *Paris*, 1689, fig. = Numismatum antiquorum sylloge popalis Græcis, municipiis et coloniis Romanis cusorum ; ex cimeliarcho editoris. *Londini*, 1708, fig. = Dissertations du P. Et. Chamillart sur plusieurs médailles et pierres gravées de son cabinet et autres monumens d'antiquité. *Paris*, 1711, fig. = Description des bas-reliefs anciens trouvez depuis peu dans l'église cathédrale de Paris (par Baudelot). *Paris*, 1711, fig. = Observations sur des monumens d'antiquité trouvez dans l'église cathédrale de Paris, par M. de M. (Moreau de Mautour), fig. = Lettre sur le prétendu Solon des pierres gravées ; explication d'une médaille d'or de la famille Cornuficia (par Baudelot). *Paris*, 1717, fig. = Dissertation historique sur les monnoyes antiques d'Espagne, par Mahudel. *Paris*, 1725. = Calendrier universel, ou almanach chronologique et perpétuel, par le P. de Rebeque. *Paris*, 1731.

676. Autores historiæ ecclesiasticæ : Eusebii Pamphili lib. IX, Ruffino interprete, Ruffini libri II, item ex Theodorito, Sozomeno et Socrate libri XII, versi ab Epiphanio scholastico, adbreviati per Cassiodorum, omnia recognita per Beatum Rhenanum, prætereà non antè excusa Nicephori ecclesiastica historia, incerto interprete, Victoris episc. libri III de persecutione vandalica, Theodoriti libri V græcè, ut sunt ab autore conscripti. *Basileæ*, *Froben*, 1535, pet. in-fol., v. m. (*D'Aguesseau.*)

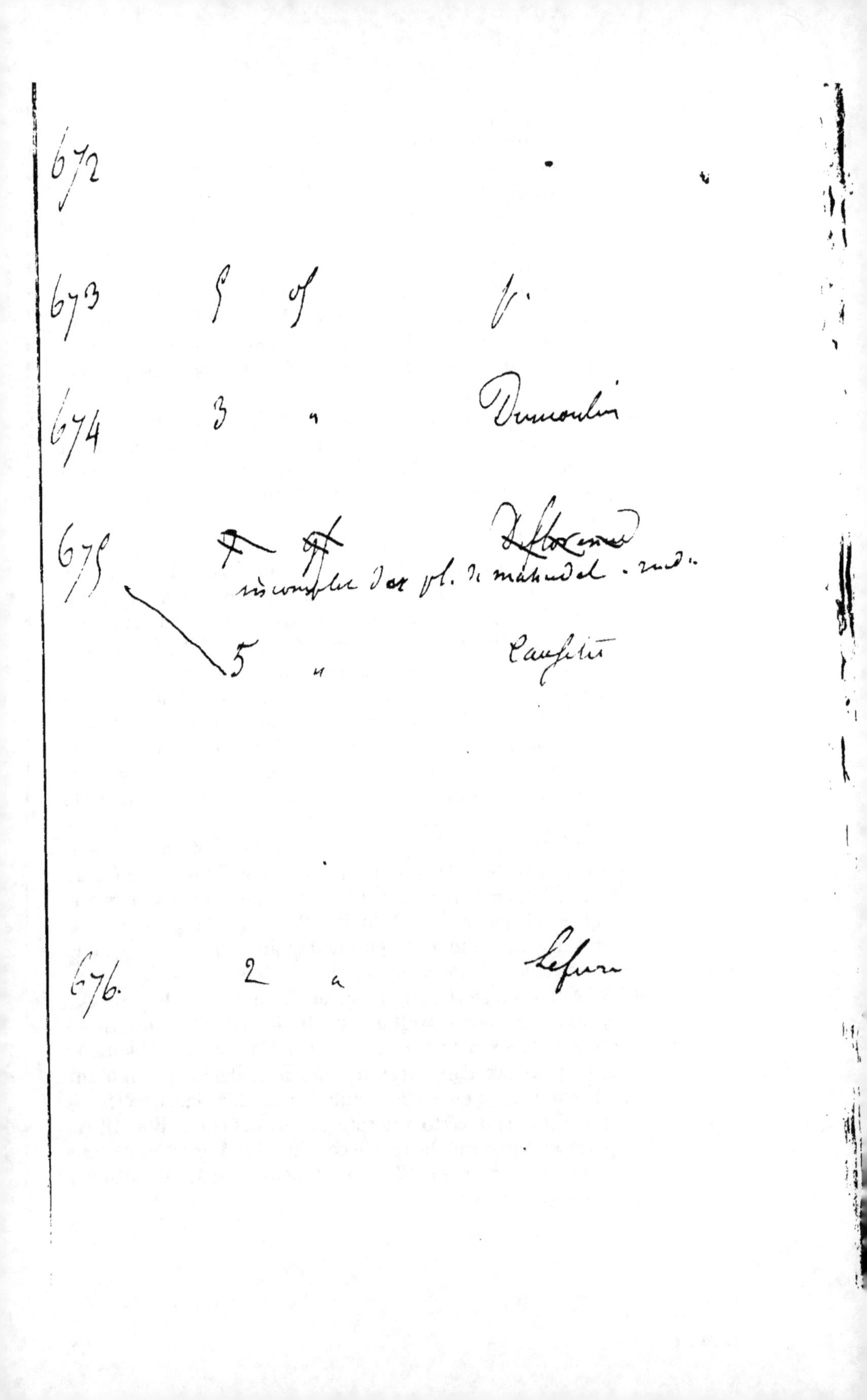

672

673

674   3   Dumoulin

675

676   2   Lefur

677   2   ,,   Demoulin

677. Gasp. Scioppii ecclesiasticus auctoritati Jacobi Magnæ
Britanniæ regis oppositus. *Hartbergæ*, 1611. == G. Scioppii
alexipharmacum regium, felli draconum et veneno aspi-
dum sub Philippi Mornæi de Plessis nuperâ papatùs histo-
riâ abdito oppositum et Jacobo M. Br. Regi strenæ januariæ
loco muneri missum. *Moguntiæ, 1612.* == G. Scioppii mulsi
fidelia Jacobo Lectio de vita ac miraculis S. Claudii magni-
ficè ovanti ad accipiendos milites gratis præbita, hoc est
nova pro sanctorum cœlitum gloria et miraculis atque cultu
adversus hæreticorum mendacia et calumnias disputatio.
Moguntiæ, 1612. == G. Scioppii scorpiacum, hoc est novum
ac præsens adversus protestantium hæreses remedium ab
ipsismet protestantibus scorpionibus petitum... *Ibid.*, 1612,
pet. in-4, v. br. *(Taché.)*

> Ouvrages rares de ce satirique fameux. Le premier a été brûlé
> à Paris de la main du bourreau par arrêt du parlement le 24 nov.
> 1612; à Londres, il fut également livré aux flammes et l'auteur
> pendu en effigie.

DESCRIPTION

DU VOLUME COMPRIS SOUS LE Nº 246.

Gasparini Pergamensis epistolarum liber. Pet. in-fol., mar.
vert, fil., tr. dor.

Édition sans date, caractères ronds, attribuée par Panzer à Jean de Westphalie, qui imprimait à Alost en 1474,
et à Louvain de 1473 à 1496.

Le volume se compose de 53 feuillets, non chiffrés,
mais avec signatures, placées, non au-dessous de la dernière ligne de la page, mais au bout de cette même ligne,
dans la marge et dans le sens vertical, comme il est figuré
dans le fragment ci-après de la ligne de pied du recto du
2ᵉ feuillet : *ueteris amic.* .

Les signatures sont *a* à *f*, de huit feuillets chaque; les
4 premiers de ces 8, chiffrés, les 4 autres blancs. La signature *g* est de 5 feuillets, les trois premiers chiffrés.

Les pages ont 31 lignes, le premier feuillet du livre est blanc d'un côté, le côté imprimé contient 27 lignes; c'est une lettre de Guillaume Fichet à Jean de La Pierre, commençant ainsi :

Gvillermvs Fichetvs Parisiensis theologus doctor Joanni Lapidano Sorbonensis scole priori salutem.

Le recto du feuillet aii (premier du texte), commence par ces mots :

Gasparini Pergamensis clarissimi oratoris epistola rum liber feliciter incipit.

Le recto du dernier feuillet finit par le mot *neglexerut*.

Enfin, le volume est terminé par la souscription suivante :

Finit Gasparini Pgamensis oratoris clarissimi suauissimaru epistolaru opus per Iohannem Lapidanum Sorbonensis scole priore multis uigiliis ex corrupto itegrum effectu, ingeniosa arte ipressoria in lucem redactum.

La marge extérieure et inférieure du dernier feuillet est ralongée, le premier feuillet étant aussi très rogné a été monté sur une feuille blanche dont la marge est ornée d'une bordure gravée et coloriée, or et couleurs, dans le genre des anciens manuscrits. Le précédent propriétaire, l'abbé Rive, en faisant relier ce volume, a fait inscrire sur le dos : *circa* 1475; aucune note de lui n'indique sur quel motif il s'est fondé pour fixer cette date; le premier ouvrage cité par Panzer, imprimé en caractères romains par Jean de Westphalie est de 1483, avec les signatures dans la marge comme à celui-ci. Ce sont aussi des lettres (*Æneæ Sylvii epistolæ*); il serait plus probable que ces deux ouvrages ont été imprimés vers le même temps.

TABLE DES DIVISIONS.

—

ORDRE DES VACATIONS.

1re Vac. *Mardi 8 novembre 1830.*

Théologie.	Nos 1 à 15
Sciences et Arts.	149 à 165
Belles-Lettres.	307 à 318
Histoire.	372 à 403

2e Vac. *Mercredi 9.*

Théologie.	16 à 42
Sciences et Arts.	191 à 201
Histoire.	468 à 521

3e Vac. *Jeudi 10.*

Théologie.	43 à 61
Belles-Lettres.	202 à 226
Histoire.	409 à 445
Livres omis.	670 à 677

4e Vac. *Vendredi 11.*

Théologie.	62 à 72
Belles-Lettres.	227 à 249
Histoire.	446 à 467
————	522 à 555

5e Vac. *Samedi 12.*

Sciences et Arts.	164 à 195
Belles-Lettres.	319 à 350
Histoire.	351 à 371

6e Vac. *Lundi 14.*

Jurisprudence.	73 à 91
Belles-Lettres.	250 à 266
Histoire.	556 à 605

7e Vac. *Mardi 15.*

Sciences et Arts.	92 à 109
Belles-Lettres.	267 à 284
Manuscrits.	604 à 646

8e Vac. *Mercredi 16.*

Sciences et Arts.	110 à 139
Belles-Lettres.	285 à 306
Manuscrits.	647 à 669

encyclopédie méthodique   100 .
5 tableaux

7/8	6	40	[illegible]
10	30	50	[illegible]
13	3	"	
14	14	"	+ Duffy
57	2	"	libri
314	1	50	id
315	2	"	id
391	12	"	Lecture V.
393	3	50	Letronne
394	5	"	id
395	3	"	id
397	6	50	[illegible]
399	3	"	Letronne

400	3	, Letronne .
401	9	" Letronne
402	10	do do
414	6	" Letronne
L	7	do
19	2	" Lafaye
51	2	" do
28	3	" Letronne
29	7	do
194	3	
195	1	40
204	38	[illegible]
205	37	" do
206	14	" do
207	9	do do

210	8	95	
213	3	50	Jennestump
220	4	"	+8. Littré
222	4	"	+Meyprwin
225	5	80	+ Jennestump
413	6	"	+Letronne
414	9	"	+id
421	3	"	+id
424	24	"	+Lajarctela
432	116	"	id
433	21	"	+ Brgant
440	27	50	id
63	1	50	Lafaigui
232	3	"	id
235	5	50	Quatrmmn
246 64	1	50	Lafaigui
247	1	50	Say
467	12	"	id.

527. 528	2. 80	Mays
530	8	Sacy
550	3	Silvestre
192	9	Febi
324	6	
330	4	V. Leclère
344	12	
350	1	Lefaye
351	1. 60	Thevenin
358	3	V. Leclère
360	2	Lafiques
364	10	
365	3	
367	2. 20	Jennyss
80	15	Lajarriette
82	20	Sacy
91	4. 95	Febi

241	1	"	johannem
. 258	3	05	libri
271	2	60	
575	3	25	
577	2	"	Lafayve
580	9	"	Lacy
587	3	10	
602	2	50	v. kelere
607	10	"	
622	9	"	
627	1	75	libri
. 634	27	"	libri
. 635	61	"	libri
. 636	135	"	libri
640	159	"	"
. 192	24	"	libri
. 648	11	"	"
. 653	A	"	"
. 630	A	50	

à M. Germain

[...] 36 .

[...]

Brochures —— 4 05

ΝΟ ———————— 6

. 4 vol . 3 -

. 15 3

. 24 2 50

. 15 4 95

. 4 vol . viquette 1 90

. 12 vol. cyprien turc . 2 60

. brochures 2 20

. 1 vol . grands chemins tous 4

. 10 vol . 5

. 20 vol. Altsroch. 5 50

. 12 3 50

. 3 vol ʿ 2 2

. 7 ———— 2 "

[en-tête illisible]

[illisible] — vol.		2 . 40
[illisible] 10 vol.		2 50
[illisible] 10		2 .
[illisible] 10 — — — —		1 . 40
[illisible] 10 — — — —		3 75
[illisible] 10 — — — —		1 50
[illisible] dont Scapula, Virgile de Servius, corpus poetarum — —		7 . 20
. 10 vol. 8 nouveau lexique, Virgile &c		3 95
. 2 vol. 8 noël — —		4 55
. 10 vol. grammaires		3 10
. 6 vol. 8 D. Bcg. italien		1 80
. [illisible] [illisible] ———		13 .
— lot anglais ———		1 .
. lot [illisible] papiers —		12 . 50
— 15 vol. d. institut. prince		2 [illisible]
. [illisible] chimie de Sage		3 50
. 8 vol. dont [illisible]		4 60
. 1 vol. fol. traité [illisible]		2 50
4 [illisible] dont [illisible] (Merlin)		3 60